怎么说孩子才会听 如何听孩子才肯说

你真的懂跟孩子说话吗?

蒙谨◎著

全国百佳图书出版单位
时代出版传媒股份有限公司
安徽人民出版社

图书在版编目(CIP)数据

怎么说孩子才会听，如何听孩子才肯说 / 蒙谨著. ——合肥：安徽人民出版社，2014.9

ISBN 978-7-212-07553-8

Ⅰ.①怎… Ⅱ.①蒙… Ⅲ.①家庭教育 Ⅳ.①G78

中国版本图书馆CIP数据核字(2014)第213670号

怎么说孩子才会听，如何听孩子才肯说
ZENMESHUO HAIZI CAIHUITING
RUHETING HAIZI CAIKENSHUO

蒙 谨 著

出版人：胡正义

总策划：胡正义

责任编辑：洪 红　熊圣琼

装帧设计：阿鬼设计

出版发行：时代出版传媒股份有限公司 http://www.press-mart.com

安徽人民出版社　http://www.ahpeople.com

合肥市政务文化新区翡翠路1118号出版传媒广场八楼

邮编：230071　营销部电话：0551-63533258　0551-63533292（传真）

制版：合肥市中旭制版有限责任公司

印制：北京市凯鑫彩色印刷有限公司　电话：010-82708280

（如发现印装质量问题，影响阅读，请与印刷厂商联系调换）

开本：710×1000　1/16　印张：16　字数：200千

版次：2014年12月第1版　2014年12月第1次印刷

标准书号：ISBN 978-7-212-07553-8　定价：29.80元

版权所有，侵权必究

【序言】

你越会说话，你的孩子才会越听话

　　面对孩子的不良行为和各种问题，父母往往总是反复嘱咐和唠叨，然而，这些对孩子来说90%以上永远都只是"耳边风"！——不起作用，反而惹孩子厌烦！

　　长此以往，做父母的就常常忍不住，抱怨和指责脱口而出。

　　于是，家里整天充满呵斥声和吵嚷声。

　　无数家长为此烦恼，可是无能为力。

　　你越说，跟孩子之间的火药味就越浓烈；但不说，孩子的问题又解决不了。

　　家长应该怎么办？

　　我一直认为，亲子沟通的质量决定教子的成败。对于这个观点，不用特地寻找，就能在生活中发现很多可以作为论据的真实事例。

　　最近，我遇到了一个多年没有联系的高中同学，几句问候过后，我记起他有一个儿子，便随口问道："你儿子最近怎么样？该考大学了吧？"

　　谁知，我话刚一出口，就见同学的脸色突然大变，脸变得通红。长长地叹了口气后，同学说道："别提了，我儿子进少管所了。"

"怎么回事？"我一惊。

据同学说，儿子从小就不听话，他认为孩子不打不成才，每当儿子犯了错，他也不会和儿子沟通，不询问原因，总是二话不说就是一顿打骂。

有一次，儿子偷拿了家里的50块钱，同学知道后，也没有问儿子缘由，就把他捆起来打了一顿，把儿子的胳膊都打折了。

在那之前，父子俩偶尔也会就某个问题交流一二，虽然交流不深，但也能给儿子的心灵带来一些安慰。

可自从偷钱事件后，同学怎么看儿子都觉得不顺眼，儿子也不愿意和他说话，父子俩之间的关系也越来越冷淡。

后来，儿子结交了社会上的不良青年，伙同他们一起入室抢劫，结果当场被抓住。儿子不仅被学校劝退，还被判到少管所改造。

当同学知道，儿子偷50块钱是为了给爷爷买生日礼物后，后悔万分。而儿子也对他说："我这辈子都不会原谅你。如果当时你多和我说说话，我也不会走到今天这步。"

同学说完这些，已经是泪流满面。

沟通在教育孩子的过程中起着非常重要的作用，家长如果忽视了和孩子的沟通，不仅关闭了亲子间相互联系的大门，也无法及时发现孩子出现的问题，更会导致教育的失败。

听完同学的话，我突然想起在旅游时认识的李姐。她的儿子乐乐从小就非常优秀，今年刚刚考上了清华大学。

乐乐接受的教育，与一般孩子接受的教育并没有太大区别。但是，李姐学了很多沟通技巧，特别擅长和乐乐沟通，乐乐也愿意跟妈妈交流自己的想法。

李姐给我说过这么一件事情。

乐乐在不到4岁时，有一次跟着奶奶去超市，逛着逛着，他忽然对奶奶说："奶奶，我觉得你和姨奶奶有点儿像。"

奶奶听了，觉得很好奇，就笑着问道："哪里像呢？"

乐乐眨着一双可爱的大眼睛，不假思索地说："眼睛像。"

奶奶被逗乐了，回到家里，把这件事情告诉了李姐。

李姐故意逗乐乐说："乐乐，如果妈妈再给你生个弟弟或者妹妹，你就会发现，他跟你也有点像呢。"李姐顿了一下，看了一眼乐乐，然后继续说道，

"你想要吗？"

乐乐使劲地摇了摇头："我不要。"

李姐继续说："有了弟弟妹妹，就有人陪你玩了。"

乐乐还是拒绝说："我就是不要。"

奶奶就笑着对李姐说："这个小机灵鬼，是怕有了弟弟妹妹，咱们不疼他了呢。"

李姐冲奶奶摇摇头，继续问道："为什么呀？"

乐乐说："要是有了弟弟妹妹，妈妈就太累了，照顾不过来的。"

奶奶听了很吃惊，李姐则感到很感动。接着，李姐抓住这个时机，在乐乐刚刚有关爱父母的意识的时候就对他进行孝心教育，结果很成功。

经常和孩子沟通，能够了解孩子的真实想法，帮助你发现孩子身上的问题和闪光点，及时展开教育，帮孩子消灭问题，将闪光点发展为优点。

看了上面两个故事，我想你会赞成我的观点：沟通质量决定教子成败。事实上，沟通是一门艺术，想要学会沟通，你需要下一番功夫。

具体来说，你需要打造你的语言，让孩子清楚、透彻地理解你的话；你需要学会给语言装上"蜜糖"，让孩子爱听你说话；你需要给孩子表达的机会，让孩子主动说出心里话；你需要学会说服和倾听的技巧，让沟通的过程变得温馨而愉快。

只有你愿意尊重孩子，愿意平等地与孩子交流沟通，孩子才愿意对你敞开心扉，才愿意接受你的教育。

《怎么说孩子才会听，如何听孩子才肯说》就是我专门为这些苦恼的家长们所写的一本书。本书是一本高品质、原创的亲子关系指导书。书中提供的方法能够缓解所有年龄段的孩子与家长之间紧张的亲子关系，使孩子很容易接受家长的教育和建议，结束孩子与家长的冲突对抗，带来孩子跟家长主动、愉快的合作。

在书中我以"有感动，有感悟"为写作原则，精心选择亲子教育过程中的有趣故事，结合家庭教育的典型问题，利用故事向读者阐述了完美亲子关系的本质规律和关键点，并提供可行的思路和操作性建议。

家长们掌握了"如何说""怎么听"的技巧，就能与孩子达成美妙的交流沟通，走进孩子的内心世界，以父母、老师同时是好朋友的身份，陪伴孩子健康快乐地成长。

  欢迎广大父母看过此书后，和我进行交流沟通，提出宝贵的建议和意见。我非常乐意和读者进行交流探讨，促进相互的发展，并使我们的孩子成为最大的受益人。

蒙谨
2013年12月于北京

目　录
CONTENTS

序　言　你越会说话，你的孩子才会越听话

第一章　好家长都是口才达人——家教，其实是一门说话艺术 / 001

　　我考全班倒数第一，你不生气吗？——家长会"说"，孩子才会更优秀 / 002

　　再漂亮也没有我女儿的心灵美——掌握亲子说服术，永远跟孩子没冲突 / 006

　　你怎么回事啊？存心烦我是不是？——话语里充满对孩子的爱 / 011

　　难道我说错了吗？——跟孩子说话，从管好自己的嘴开始 / 015

　　妈妈，我们就不起来，看他怎么着——言传，更要身教 / 019

　　妈妈，奶奶也不说声谢谢——维护孩子尊严，给足面子 / 024

第二章　言简意赅，重点突出——让孩子清楚、透彻地理解你的话 / 027

　　我以为你能从我的训话中猜出来呢——褒贬分明，别让孩子去猜 / 028

　　等你想好了，咱们再商量——与孩子谈话的主题要集中具体 / 031

　　帮我把这几件衣服洗了——给孩子传达指令要清楚明白，越简单越好 / 035

　　到我真的去做某件事时，倒忘了要干什么——分清主次，不要冗长繁琐 / 038

　　你仍然会继续写下去？——强力控制话题，莫让谈话主题游走 / 040

第三章　给孩子说的话要包上蜜——把话说得让孩子想听、爱听 / 045

　　孩子，你长大了，谢谢你牵挂着妈妈——不要吝啬对孩子的赞美 / 046

　　您觉得我这次还能当班长吗？——鼓励孩子永远不嫌多，不嫌晚 / 050

　　谢谢你，为我拍照片——跟孩子说话要和颜悦色 / 055

　　不是侥幸，还是你平时的用功——发现孩子的长处，及时表扬 / 059

　　这样啊，行，你自己决定吧——建议而不要对孩子发号施令 / 064

　　玩不就是指上网吗？——幽默让你贴近孩子的心 / 068

第四章 家长一定要会的亲子说服术——用说服改变孩子的技巧 / 073

要是你懂一点英文，咱何必费那么多事——让事实说话 / 074

我妈的口才比我好，句句说到心坎里——反复强调最主要、最关键的理由 / 077

女孩睡觉多，皮肤会更好——利用孩子感兴趣的事物来说服 / 080

我要穿小亮那样的衣服——与孩子讨论分析，由他自己选择 / 083

对不起，妈妈下次不会再这么对待你了——站在孩子的立场说话 / 086

等我给你讲完这个故事，你就知道该怎么做了——巧用故事传达意念 / 089

是不是你做得不够好？——通过对比告诉孩子对错 / 094

这样吧，咱今天就写两个字——先提小要求，再提大要求 / 098

第五章 不剥夺孩子的话语权——让孩子自由表达看法和感受 / 103

你看，火车可以运积木呢——不要忽略孩子的表达 / 104

不许哭！丢不丢人啊？——允许孩子发泄不良情绪 / 108

别说了，写你的作业去——耐心听孩子把话说完 / 111

不嘛，我就要那一件——允许孩子说不 / 114

大人说话，你小孩子家别插嘴——鼓励孩子说出自己的看法 / 118

我不去，你把班给我退了吧——允许孩子争辩 / 122

第六章 好家长要会安静地听孩子说——你必须要掌握的倾听术 / 127

哎呀，妈，你就甭管了——孩子说时，你要多听 / 128

儿子，有什么事？说吧——倾听时要专注 / 131

知道了，你烦不烦啊！——听孩子说话要表现出兴趣 / 134

我和同学打架了——让孩子叙述他自己的事情 / 138

那你怎么对我的话没有反应啊？——积极回应孩子的话 / 142

妈妈，姐姐的娃娃会说话——倾听孩子的弦外之音 / 145

第七章 用爱打开孩子的心扉——让孩子主动把心里的想法说出来 /149

等你看懂了女歌星,晓南的问题就解决了——说话前要做好准备,制定策略 / 150

儿子,妈妈想和你唠唠——给孩子创造舒适的谈话环境 / 154

妈妈,我长大后,要做一个会飞的房子——鼓励孩子养成把想法说出来的习惯 / 158

幸好有个懂电脑的女儿——通过共鸣点打开孩子的情感防线 / 162

为什么不想睡?——用封闭式提问引导孩子讲真话 / 166

哦,对不起,可能是妈妈记错了——场合不同,说法也不一样 / 170

我早就想和你一起看电视了——用孩子的语言跟孩子说 / 173

好,以后我就叫你大侠——用生动形象的方式跟孩子说 / 177

第八章 如何对孩子说"不"——拒绝孩子的说话艺术 / 181

不能动这个,会电到你的——避免简单粗暴地拒绝 / 182

别再给我惹事,行不行?——了解事情原委再下结论 186

你看看,沙发脏了,怎么办啊?——对孩子说出你的感受和期望 189

小孩子不能化妆——对孩子讲出做事的条件 / 192

爸爸,我想要那样的头花——说出拒绝孩子的理由 / 196

今天不买玩具,只是玩——拒绝孩子时不能妥协 / 200

我就尝一下这烟什么味的——疏导孩子,而不是打压 / 204

第九章 左手赞美,右手批评——赞美让孩子进步,批评让孩子改正 /209

你今年体质提高了,也变得坚强了——赞美孩子要及时、具体 / 210

妈妈,你别夸了,我都听烦啦!——表扬孩子不可过多、过高 / 213

其实,孩子成绩不好,我也有错啊——批评孩子要对事不对人 / 216

我多么希望爸妈以后不要再拿我当出气筒——批评孩子注意避免自我情绪发泄 / 219

算了,别吃饭了——批评孩子要注意时间和场合 / 222

妈,我今天累了,躺着看舒服一些——批评孩子要抓住时机 / 225

第十章 不要这样和孩子说话——和孩子说话中不能犯的禁忌 / 229

就你那脑子,永远都不会考优了——不要随便下消极、否定的预言 / 230

我以后再不会相信她说的任何话了——不要对孩子说话不算数 / 232

听着母亲的指责声,我的心碎了——不要一味地指责孩子 / 235

只要她在家我就讲,就是想提醒她——不要在孩子耳边不停地唠叨 / 238

你真的很没用,看你这成绩,长大后能做什么啊?——不要嘲笑、侮辱孩子 / 241

我说他英语必须考第一,他就会考第一——不要对孩子要求过高 / 244

第一章

好家长都是口才达人
——家教,其实是一门说话艺术

我考全班倒数第一，你不生气吗？
——家长会"说"，孩子才会更优秀

说话，是一门艺术，当你掌握这门艺术后，就能把孩子身上的"缺点"说成"优点"，把孩子身上的问题"说"没了。

在朋友家，看到这样一个场景。

上小学的儿子闷闷不乐地对朋友说："妈妈，我这次只考了80分。"

朋友笑着说："哇，考的不少啊，记得你上次才考78分。隔了没几天，就上升了2分。"

"老师说这次的题最简单了，可我考的是全班最少的，同学们都笑话我，连我的好朋友也说我很笨。"他说着，快要哭出来的样子。

朋友蹲下身，温和地注视着他，说："咱要和自己比，才能比出效果。别人说你笨，你不努力了，才是真笨；反过来，你勤奋学习，多思考，哪怕每天只学一个字，那也是进步。"

他依然皱着小眉头，低声说："妈妈，这么容易的题，我考全班倒数第一，你不生气吗？"

朋友微笑着说："恰恰相反，我很高兴，因为你和前几天的自己相比进步了。还有，分数高低并没有那么重要，只要做题时你用心思考过，不论考多少分，妈妈都觉得你很乖很棒。"

我清楚地看到，朋友说话时，儿子专注地看着她，眼神里盛满喜悦。她接着说："你先去玩会儿，等晚上咱俩一起攻攻试卷上那些错题。"

"妈妈，我现在就想改错题。"儿子兴奋地说。

孩子身上可以有很多"问题"，但通过你的嘴，通过你正确的说话方式，

他的很多"问题"根本不是什么"问题",这时候,你会发现,他是那么听话,能很快改正这些"问题"。

亲戚上小学的儿子对她说,班上有个同学想花钱了,就骗他妈妈说要买本子,等拿到钱后,那个同学就去买小玩具。

"要是他妈妈发现他的玩具后,他会骗妈妈说是抽奖抽的。他妈妈特傻,就相信了……"

"以后你少在我面前谈这些,"她打断儿子,"也别和这样的同学交朋友,省得跟他学些坏毛病。"又警觉地看着儿子,问道:"你没有用同样的话骗过我?"

"我才不这样做呢。"

"你以为你比他好啊。我想起来了,前几天,你找我要钱,说要复印卷子,是真的假的?复印卷子怎么能花10块钱呢?"

"那真是老师让印的,不信你打电话问问。"儿子急得脸通红。

"算了,不打了,就先饶你这一次,等下次,你再要钱,我无论如何得问清。万一骗了我,还把我当成傻瓜。"

"妈,我没……"

"你那点心眼还能瞒过我的眼睛?你以前就爱撒谎。"

"可我不是改了吗?我……"

"谁知道你是不是真改了?万一……"不等她把话说完,儿子气得跺着脚离开。一场原本和谐的亲子交流,就这样不欢而散。

孩子身上的优点和缺点,都不是绝对的。会说话的你,会把他的缺点说成优点,或是明夸暗贬,让他乐意改掉;不会说话的你,却会把他的优点也说成缺点,让他失去改正坏毛病的动力。

女儿小语是个慢性子,做什么事情都很慢。丈夫是急性子,经常教育她改掉拖拉的坏习惯,说多了她就会和丈夫顶嘴。于是,父女俩的关系,随着小语的长大而变得紧张起来。

有一次,我说要带小语去外公家,走前我们三人去超市买东西。在超市里,小语一会看看这个,一会看看那个。丈夫见状,随口对我说:"你看,她的慢性子又犯了。"

眼见着小语嘟起了嘴,我立即说:"小语做事很细心,这是优点。你看她这么用心地给外公挑礼物,不仅是对老人有很深的感情,也说明她有追求完美的心。"

小语听后,脸上泛起笑意。我笑着"指责"她:"你就把标准降低一点吧,要知道,礼轻情意重嘛。"

那天,小语接下来的表现很好,不一会儿,就配合我和丈夫买好了东西。

其实,孩子身上的"错",并非真是你口里一直念叨的大毛病。只要你换一种方式向他表达,他的"错"很快会成为"对"。这主要取决于你说话的方式。

小时候,每当父亲让我做什么事时,他会事先说一句:"这件事既然交给你做主,说明我已经很相信你了,好好做,一定会没问题的。"每次听到这话,我就会充满信心。

有一次我过生日,父亲尊重我的决定,提前把过生日的钱给了我。当时我小心翼翼地征求他的意见,问道:"爸爸,你说我买什么好呢?"

他笑着说:"这些钱给了你,你自己决定吧。"

"可我担心,买了不好的东西,到时钱白花了,我会后悔,你也要怪我的。"我说。

"呵呵,我放权给你,你买什么我都不会怪你的。"他温和地看着我,"要是你怕后悔,我可以提出一些建议,你觉得有用,就参照一下。"

我认真地听着父亲的话,此时此刻,他说的每一个字,都深深地刻在我心上。他说:"你不是早就想买一套外国童话书吗?这钱应该足够了。"

我听后,高兴地抱住父亲亲了一口,说:"是,我早就想买了。爸爸,幸亏你提醒了我。"

孩子不是不能接受你的意见,你要懂得尊重他,给他自由,这样他反而会在自己难以抉择的时候,多听听你的建议。

要想让孩子成为你眼中的"优秀"孩子,你就要多观察他,多和他交流,在取得他的信任后,你说的每一句话,他才能听进去。不久你就会发现,他的"缺点"和优点一样可爱。

说话需要技巧,同样一句话,讲得好会让人备受鼓舞、充满信心;讲得不好则会让人生气、沮丧甚至记恨你。和孩子说话是同样的道理,他是否爱听,全在于你是否掌握了说话的技巧。

再漂亮也没有我女儿的心灵美
——掌握亲子说服术,永远跟孩子没冲突

想要和孩子和睦相处,你就要掌握亲子说服术。平时你要多了解孩子,弄清孩子的心思,这样才能把话说到孩子的心窝里。

朋友的儿子向她数落老师的不是:"我们老师就是偏心眼,光喜欢成绩好的学生,他们犯了错误,老师也不怎么说,而我犯一点错误,就被说个不停。"

她耐心地听着,问道:"能不能讲得具体一点?比如说老师在什么事情上偏向他们了?"

儿子张口就说:"当然有了。今天最后一堂自习课,我和同桌讲前几天看的动画,老师知道后,只说我,不说他。"

她笑着问:"是不是老师进来时,你一个人在讲?"

儿子停顿一下,撒谎道:"不是呀,老师进来时,我和同桌都在讲。"

"那可能是他对你要求太严了。"她说,"上次我打电话问你的情况,老师说你有很多优点,乐于助人,学习努力,唯一的缺点是自律性差,需要有人监督,所以对你要求要严一点。"

"老师真这么说?"他不相信地问。

"难道老师平常不是这么要求你吗?"她反问。

他想了想,点头说:"是这样的,他要求得很严。"又挠挠后脑勺,不好意思地说,"我,我错怪老师了……"

"没关系,要是老师知道你心里对他感激,他不但不会生气,还会为你的体谅感到高兴呢。"

"不是。我是说,自习课上,老师进来时我正在说话,同桌刚好没说。老师说我时,我说同桌也讲了,老师却不相信。"他不好意思

地说。

"并不是老师不肯相信你的话,也不是他偏向你同桌,而是他认为,不能随便处理一件不是自己亲眼看到的事情。这样的老师,是不会轻易错罚学生的。"她耐心地讲道。

他点点头:"嗯,老师确实是这样的人。"

同孩子说话,你一定要先弄清楚他讲话的用意,让他把话表达清楚,然后针对他话中的漏洞,加以说服教育,你的话要有理有据,有始有终,让他听后心服口服。

朋友小时候,家里很穷,平时总是捡姐姐的衣服穿。

有一次,她看到最好的同学又换了一件新衣服,回家后就问母亲:"妈妈,你看我同学,她妈妈隔几天就给她买新衣服,你为什么不给我买呀?"

母亲说道:"因为你比她体谅妈妈,知道家里困难,才不让我为难的。"

她原本下一句是要求母亲买的,听了这话,她只得改变主意,说道:"唉,妈妈,你不知道那衣服有多漂亮。"

母亲笑着说:"再漂亮也没有我女儿的心灵美。我有这么懂事、体贴妈妈的女儿,我以后要多苦点累点,帮你买一件漂亮衣服。"

母亲贴心窝的话,让她突然觉得,什么都不重要了。她忍不住脱口说道:"妈妈,我不会让你再受苦受累了,等我长大了,挣到钱后,先给你买一件衣服。"

话一出口,她才有机会好好打量母亲,母亲身上那件衣服,已经穿了好几年了。

母亲笑起来,说:"有你这句话,妈妈比穿新衣服还美呢。"

在孩子面前,你把话说好,是一种最简单但极为有效的教育方式,这远比物质奖励实用得多。一句好话，可以让他甘愿放弃自己的要求，为了回报你满满的爱而努力。

朋友刚进家门，上中学的女儿就大声冲她叫道："你下午干什么去了？打你办公室电话也不接，你手机还关机。"

"哦，我到外面见了一个客户，手机正好没电了。"她解释道。

"怎么会这么巧，偏我有事找你时，你就出现这种特殊情况了。"女儿显然很生气。

"有什么事，现在说吧。"

"现在说已经晚了。"女儿气冲冲地说，转身往自己房间走去。

本来在公司忙了一天，回家想好好放松一下，却让女儿一番话搅得她心乱乱的。看到女儿生这么大的气，她猜可能真耽搁了女儿的大事，就来到女儿房间，微笑着问道："气消了吗？要是没消气，我等一会再过来。"

"是不是要跟我道歉？"女儿背对着她，说道。

"这事我好像没错吧。"她解释道，"你找我时，是我的工作时间，又不是我故意躲着你。"

"那你来我房间干什么？"

"就是想问问你，我没接你的电话，给你造成的损失大不大？"她试探着问。

却见女儿"扑哧"一声笑起来，说："老妈，我跟你打电话，其实没事，就是……就是想看看你会不会烦。"

她一怔，不解地问道："为什么要这么做？"

"我同桌说，有一次她打她妈电话，被骂了一顿，说她干涉大人的生活。"

"你这样做，确实……"

"不对。"女儿接过话茬，说，"我知道这不对。但孩子了解一下大人的工作情况不好吗？"

"你什么时候学会抢话了?"她笑道,"你等我把话说完。我觉得你这么做,确实有道理,孩子了解大人的工作情况,就像大人了解孩子的学习情况一样,也是一种关心。"又问:"你说,这点咱俩是不是想到一起了?不过,以后要是没什么事,咱还是省点电话费吧。"

女儿笑着点了点头。

对孩子的做法有不满时,先把责怪的话咽下去,耐心地问清他做事的初衷,表扬的话要大声说出来,之后再婉转地提示他改正不对的地方。

小时候,我家里经济条件不好,喜欢看书的我,常常想尽一切办法向同学借作文书、故事书看。

有一次,当我又向一个男生借时,他嘲笑我:"你家不会穷到连买这种书的钱都没有吧。"

我没借到书,反挨他的讽刺,心里很不舒服,回家后也不说话。父亲看到后,就说:"我猜你今天遇到不顺心的事情了。如果说出来不能减轻你的痛苦,咱就不说了。"

父亲的话反激起我说话的欲望。我问:"咱家是不是特别穷?"

父亲想了一会儿,摇摇头,笑着说:"我们家有一个宝物,那是多少钱都买不走的。"

我惊讶地问:"在哪?我怎么没见过?"

"傻孩子,那就是快乐。"父亲笑着解释,"你关心爸爸,爸爸也喜欢你。只要咱们在一起,快快乐乐、健健康康的,这就是宝啊。"

那时我年纪小,父亲的话虽然有点抽象,但我从他说话的语气中,能体会到一种从未有过的愉悦之情。从那以后,我再也没问过他这个话题。

跟孩子说话时,你的声音要充满感情,让他从你的声音中体验到生活中最朴实的爱。再顽皮的孩子,也会被和风细雨般的爱所打动。

要想跟孩子永远没有冲突，你就要掌握亲子说服术。平时多理解孩子，多站在他的角度上想问题，多和他沟通来掌握他的真实信息，多向他学习。只有这样，才能获取他的信任。

与孩子说话的技巧不是能说会道，而是把话说对，把道理摆明，把观点讲清楚，让他不但找不出拒绝的理由，还会不由自主地顺着你的话去想、去做。

你怎么回事啊？存心烦我是不是？
——话语里充满对孩子的爱

当孩子的行为出现错误时，你可能会不停地训斥，甚至打骂孩子，这样是无效的。只有充满爱的话语，才能给孩子最好的教育。

有个小学二年级的男孩，曾对我抱怨说："蒙老师，我很讨厌我妈妈，她只爱我的学习成绩，而不爱我。"

我猜到了男孩的意思。在生活中，很多父母都把学习成绩作为区分好孩子、坏孩子的标准，根据成绩来选择对孩子的态度。

我问男孩："哦，你跟我说说，你妈妈怎么更爱你的学习成绩，而不爱你？"

他愤愤地说："上个礼拜，我考试只考了69分，我妈知道后，就对我一顿狠批。蒙老师，你是没看见我妈那种'凶神恶煞'的样子，没听到她说那么多烦人的话。每次我考试考不好，她都会说那么多，没完没了地给我上'政治课'。"

"哦，你妈都说什么？"

"她说：'我和你爸拼死累活地挣钱让你读书，你就考这么点分啊？丢不丢人啊？你不嫌丢人我还嫌丢人呢。你整天就知道疯玩，考试只考69分算什么能耐？你能不能给我长点志气啊……'"男孩一边用手指着旁边的一把椅子，一边学着妈妈的样子气愤地，"她眼里只有我的考分，我这个人根本不算什么。我考不好的时候她就对我大呼小叫，考得好了才给我笑脸。哎，我怎么摊上了这么一个妈啊？"

男孩"老气横秋"的样子让我既有点好笑，又有些替他委屈，我理解他的苦恼。

"看得出来，你对妈妈的做法很不满，她的做法让你生气。其实你妈妈还是爱你的，只不过她采用了不正确的方式。"我安慰男孩说。

有时候，我也会犯这样的错误，这种错误曾经给我的女儿小语带去伤害。

那是在小语3岁的时候，因为刚上幼儿园不久，她还不太适应幼儿园的生活。

有一天早上7点钟，该起床了，我一边穿衣，一边招呼小语起床，一会儿我要送她去幼儿园。

小语磨磨蹭蹭不肯起床，很慵懒的样子。一会儿，她拿过小裤子摆弄起来，就是不往身上穿。

我穿好了衣服，洗漱完毕，回来发现小语还没有穿好衣服。

这时，我就有点生气了："快点穿衣服啊，一会就迟到了。"

小语不说话，眼巴巴地望着我。我知道她是以此拖延去幼儿园的时间。

"快点穿衣服，你听到没有，再不快点你就迟到了，妈妈上班也会迟到。"我又一次催促她。

"妈妈，我不去幼儿园行不行？"小语的声音很小，但我还是听到了。

"不去幼儿园怎么行？快点穿衣服，一会儿送你去。"我皱着眉头说，一边整理着自己的文件包。

等我整理完了文件包，小语依然坐在床上，只穿了一件上衣。

看到她磨洋工的样子，我真火了："你怎么回事啊？存心烦我是不是？"

小语看到我愤怒的表情，脸上充满了恐惧，我从来没跟她发过这么大的火。

我不由分说，夺过小语的衣服，一边继续数落她，一边迅速给她穿上了衣服。

然而，从送小语去幼儿园，到下午接她回家，一直到晚上吃饭时间，小语一直都闷闷不乐，不再与我一起玩，更失去了往日的活泼与快乐。

我很内疚,一定是我早上的态度伤害了她。

晚饭后,我与小语聊天,最后,她终于对我敞开心扉:"妈妈,你是不是不喜欢我了?我听话的时候,你就亲我,抱我,我不听话的时候,你就训我。"

我汗颜:我只喜欢孩子满足我的需求,达到我的期望时的样子,而这却伤害了女儿。

过了一会儿,我对小语说:"对不起,妈妈早上心情不好。妈妈仍然是爱你的。"说着我拥抱了她。

你对孩子的爱可能常常附加很多条件,比如当孩子听话的时候,孩子学习成绩好的时候,当孩子各方面表现好的时候,你就对孩子千般欢喜、万般宠爱。

而当孩子不听话的时候,当孩子学习成绩差,有行为问题的时候,你就不住地训斥、责骂孩子,语气和表情、动作中都透露着对孩子的不满甚至愤怒和嫌弃。

这其实是一种不爱孩子的表现,那种带着强烈情绪的说教常常是无效的。

有一次,小语因为好奇,把正开着的电脑给弄坏了。电脑算是我们家的贵重物品,是我工作必不可少的工具。

丈夫发现电脑被弄坏之后,有些生气地数落了女儿一番。丈夫情绪上来的时候,就忍不住训斥孩子。

"你怎么这么不小心啊?不是说不让你随便动电脑吗?你怎么就是不听话呢?你真气死我了……"

而女儿此时表现得很慌张,瞪着一双受惊的大眼睛望着丈夫,又求助地望望我这边。

见状,我忙走上前去,问清了事情的缘由。

"你是不是把电脑弄坏了有些难过?"我蹲下来,问小语。

她点了点头,回头看了看一片黑屏的电脑。

"没关系,电脑坏了我们可以拿去修,修不好我们就去买一台新的。但无论如何,我和爸爸都是爱你的。"我朝丈夫使了个眼色,转身对小语说。

小语的表情这才放松下来,现出了笑容。

对于孩子来说,你的爱心远比舌头更重要。

在孩子出现问题的时候,你可能喜欢不停地带着厌烦的口气对孩子进行说教甚至训斥、责骂,这是最要不得的。

因为,这容易让孩子觉得,你爱的不是他这个人,而是他的行为和成绩,这种做法易打击孩子,让孩子感觉不到你的爱。

因此,无论孩子做得好不好,你都要表达出对孩子的爱。这样,孩子才更容易接受你的教育。

❋ 难道我说错了吗？
——跟孩子说话，从管好自己的嘴开始

如果你不顾孩子的感受，随意说出伤害孩子的话，即使你的本意是为孩子好，孩子也不会接受你的教导。

在一本杂志上，我曾读到过这样一篇文章：

一位年轻妈妈婚姻不幸，离婚后，她的脾气变得很坏，读初中二年级的女儿也跟着遭殃。

妈妈话多，只要有不好的情绪，她就会管不住自己的嘴巴，不断地向女儿抱怨，抱怨她的爸爸如何不负责任，抱怨她如何不听话、不懂事。

"我怎么找了你爸这么个不负责任的东西，他有过好几次婚外恋，这些你都不知道，嫁给他我真是瞎了眼了。你也不成器，像你爸一个样。你就不能听话一点吗？我这辈子真倒霉，遇到你们这两个灾星。"这句话几乎成了妈妈的口头禅，她时不时地把这句话搬出来，对女儿发泄自己的情绪。

软弱的女儿不知道该如何应对妈妈，不知道如何应对妈妈带给她的坏情绪，她只是在心里盘算着该如何逃离这个家，逃离妈妈。

每次说过发泄情绪的话后，妈妈都会后悔，但每次情绪来了，又忍不住要说。

终于有一天，女孩离家出走了，给妈妈留下一张纸条，上面写着这样的话："妈妈，我知道你是爱我的，但我不是你的出气筒，我讨厌你口无遮拦地跟我说那些话，这让我很伤心。我走了，不要找我，你不会找到我。"

妈妈如梦初醒，才知道自己口无遮拦的说话方式深深地伤害了女儿。

有些父母跟孩子说话时,常常会口无遮拦、无所顾忌,管不住自己的嘴巴,说出一些过激的让孩子承受不了的话。

父母这样做,只是在发泄自己的不良情绪,根本不是在教育孩子。

如果父母总这样管不住自己的嘴巴,不考虑到孩子的感受,而说出让孩子伤心的话,这样的结果是孩子往往不听父母的劝告,不接受父母的教导。

一位妈妈曾带着12岁的儿子来找我,请我帮助他们解决沟通的难题。

"这孩子太拧了,像个犟驴,我和他爸的话他死活就是不听。闷葫芦一个,我们问他什么话他都不说,还会跟我们甩脸子,这孩子怎么这么不懂事啊?"

在外人面前被揭了短,儿子脸上一阵尴尬,他白了妈妈一眼。但是妈妈并没有停下来,仍然生气地说个不停。

最后,那孩子向我哭诉道:"我妈说话太随意了,想到什么就说什么,从来不考虑我的感受,我听了很愤怒,就什么话也不愿意听,也不愿意说。"

我找了个理由把孩子支开,想单独和妈妈谈谈。

"你的孩子出现这种状况,主要原因在于你管不住自己的嘴巴。"我毫不留情地指出了她的错误。

她感到很迷惑:"难道我说错了吗?"

"你想想,如果别人这样毫不留情地批评你、数落你,无所顾忌地指出你的错误,你心里会怎么想?"我启发她。

这位妈妈答不上来。

"我给你提个建议,以后你每次发现自己想要埋怨、指责儿子的时候,你就赶快离开这个环境,离开孩子,找个地方平静一下你的情绪,借此来管住你的嘴巴。"

妈妈将信将疑地点了点头。

"在孩子面前一定要管住你的嘴巴,这样孩子就一定会改变。"我强调了这一点。

妈妈想了想,答应试一试。

还有一位妈妈,也遇到了同样的问题,她给我打来电话说:"我为了孩子,付出了一切,每天起早贪黑,任劳任怨,除了上班还要辛苦地照顾孩子的吃喝拉撒睡,还有学习。可这孩子满身的缺点,我给他指出来让他改正,他根本不听,还嫌我整天唠叨,我可是为了他好啊……蒙老师,你帮帮我,怎么才能让孩子听话?"

我说:"我可以帮助你,但你必须按照我说的去做。如果你做不到,我也没办法。"

"行,你说,我保证能做到。"

"你在一星期之内,不要跟孩子说话。你就集中精力干自己的事,该干什么就干什么,该忙家务就忙家务,该忙工作就忙工作。"

"一个星期内不和孩子说话?这怎么可能?我不管他,他还不无法无天了?"这位妈妈听我这样说,马上反驳。

"如果你做不到,那我就没有办法了。"

"那好吧,我试试。"想了一会儿,妈妈答应试一试。

一个星期后,这位妈妈又给我打来电话。

"蒙老师,真是太谢谢你了。这一个星期,我很努力地按照你说的去做了,你猜怎么着?"她欢快的口气让我猜到,一定是好消息。

"我儿子慢慢变得听话了,有一次他还问我:'妈妈你怎么了?怎么不说话了?是不是我哪里做错了,你生气了?我以后改就是了。'不过,这么长时间不说话,真憋死我了,总忍不住想说话。"

我在电话这边笑:"你说得太多,说话时不顾孩子的感受,孩子就会反感,就容易与你对着干,你不说话反而激起了他的自觉性和积极性。"

"对对,以前我没有管好自己的嘴,忽略了孩子的感受,结果让他烦了。我管住了自己的嘴,孩子反而愿意听我说话了。我以后知道该怎么做了。"最后，这位妈妈说。

我欣慰地挂断了电话。

很多父母管教孩子时常管不住自己的嘴巴，这往往只是在发泄自己的情绪。对喜欢通过说话来表达思想情感的大多数女性来说，管住自己的嘴巴需要付出努力。

首先要克制自己的情绪，不要带着消极的情绪教导孩子。有负面情绪时，父母可暂时离开孩子，可转移注意力去做其他的事情，借此管住自己的嘴巴，等情绪平静后，再教导孩子，这样就会比较客观且有效。

妈妈，我们就不起来，看他怎么着
——言传，更要身教

和孩子说话，一定要言简意赅。孩子各种观念的建立，来自于你的话语，你要用最简单的话告诉孩子正确的做法。

"我不这么认为。"这是一位妈妈给孩子说的话。那个孩子是我初中时的班长兼好友。她是老师、同学公认的"好人"，当选班长，就是因为"好"。

她单科成绩在班里属中等，综合成绩属中上等。可以说，要是论成绩来选班干部，是不会轮到她的。

就是因为会说话，会办事，她在班上的人缘极好，就连那些让老师头疼的"调皮大王"，也愿意听她的话。

她脸上总挂着甜美的微笑，说给我们的每一句话都很温暖，就连争执的话，她也能在不伤人自尊的情况下，说得人心服口服。

私底下，老师们说她这种聪明的处世方式是天生的；同学家长却说她一定有一位会说话的爸爸或妈妈。

有一次，班上的一位男生让隔壁班上的男生打了，学校处理得欠公平。班上的同学瞒着老师找到她，商量着找人"收拾"一下那男生，给他点"颜色"瞧瞧。

她第一次为难了，因为作为同学最信任的班长，她不能告诉老师，因为这件事非同小可，她不想大家意气用事。于是，以商量最佳"对策"为由，她把几个男、女生代表约到家里。

她凭着那张好嘴，说服大家这事要让她妈妈参与。

在会上，大家义愤填膺地发着感慨，又把自认为好的"报复"计划讲出来。她妈妈安静地坐在一旁，认真地听着。

"阿姨，您怎么看待我们的计划？"有同学问道。

她妈妈沉思一会，客气地说道："你们的心情我可以理解，但我不认为你们找人'惩罚'那男生后，心里能好受。"接着，她有理有据地罗列出"惩罚"后的各种后果，然后才问我们："能不能想一个更稳妥的办法呢？"

不得不承认，她妈妈考虑得太全面了，特别是经过语言的渲染，让我们觉得，自己的想法、计划幼稚可笑。

有个男生发狠说："我觉得先找他本人谈谈，要是他再有下次，我们决不轻饶他。"

她妈妈笑道："我赞成你这么做，可是再一想，以我们现在的心情找他谈，他有一句话说得不好了，是不是会引起新的冲突？我们这么做，对解决问题是否会有好处呢？"

大家相互看看。其中一个男生气咻咻地说："他欺负了人，还想怎样？"

"这样下去，恐怕还会打起来。"有个女生说道，又问："阿姨，您有好主意吗？"

她妈妈沉思一会，才说："谈不上好主意，只是个建议，我讲出来，要是你们认为不好，再一起想别的办法。我觉得咱们过一段时间再和那男生谈，或者找老师叫他的家长一起谈。"

"对对，从头到尾，老师就没让他家里知道这事。"一个男生说道，"只有让他爸妈知道这事，教训他一顿，他才能长记性呢。"

"是呀，这样挺好，既给了他'颜色'，又让他觉得我们不是好欺负的。咦，以前怎么没想到呢。"另一个男生说。

她妈妈微笑着看着大家，眼里盛满爱意。

那一刻，我忽然领悟到："一个好孩子背后，真的是有一位了不起的妈妈。"

"一个孩子的素质，从他父母身上就能体现出来。"这是一位从事

教育工作多年的同事说的话。

有一次，我和这位同事等公交，车来后，不知道从哪里跑出来一对十来岁的男孩、女孩，也不排队，挤上车后就抢座位，男孩还占着旁边的位子不让别人坐。

一位乘客说他："你不能占座儿，上公交车的人可都买票了。"

"你管我呢。"男孩蛮横地说，一边冲着人群喊，"妈妈，来这儿坐。"

同事在我耳边说："那位妈妈也不咋的。"

果然，这边孩子们帮着占座位，那边的妈妈在为买票的事和售票员争吵。

售票员说："两个孩子买一张成人票，这是规定。再说了，你的两个孩子都一米二了。"

妈妈说："我带他们乘别的公交车从不买票，偏在你这车上让买，我还就是不买，你能把我们轰下车去？"

售票员指着车厢里贴的"乘客坐车须知"，说："你自己看吧。"

妈妈说："我没那闲工夫看这些，也没有买票的钱。你看着办吧。"说完就挤到孩子帮她占的座位上坐下。

"你不给两个孩子买票，就把座位让出来一个。"售票员自知说不过她，只得改变策略。

"凭什么啊？"妈妈说道，"我不买票是犯不着买，这座位是孩子来得早争来的。"

两个孩子一起给妈妈打气："妈妈，我们就不起来，看他怎么着。"

父母在孩子面前不但要注意自己的言行，更要注意自己的做事方式。这位妈妈或许没有想到，她当众为买票与售票员争吵的行为比不当的言论更能误导孩子，甚至会给他们的心里贴上"逃票光荣"的标签。

同样的公共场所，我也目睹过一对获得人们好评的母子。那是在一个热闹的商场，一个五岁的男孩流着眼泪，拿着一团手纸，拉着妈妈的手四处寻找垃圾箱。

他为什么哭？

他妈妈解释说："服务员说这楼的垃圾箱少，离得远，让孩子交给他扔掉，他说什么也不同意，非得亲自去扔。说多了，他就气得哭起来。"

旁边有人善意地逗他："真是个自觉的小顽固。"

妈妈笑着反驳："我不这样认为，他这么做是讲文明，做得很好。"

孩子听了甜甜地笑了。

母子俩又去找垃圾箱了。

孩子有做好事的意愿，父母要及时表扬，并努力陪同他完成，这样才能帮助孩子将这种好的行为习惯保持下去。如果父母视而不见，或是不鼓励孩子完成，孩子下次就不会再有同样的意愿了。

记得小时候，我们一起玩的小伙伴，都不和一个叫小文的女孩玩。大家不和她玩的原因是她有一个很厉害的妈妈。

有时大家玩得好好的，小文就过来抢我们的玩具，她妈妈在一旁非但不说她，还说我们："哈哈，你们都比我家小文大，就多让着点她。"

要是有别的大人在场，小文妈妈就指着我们说："你们真不懂事，你们是好朋友，一起玩玩具多好啊。前些日子你们不是还玩小文的玩具吗？"

事实上，我们根本就没玩过小文的玩具。

小文妈妈这么做的结果是，小文越来越孤单，她上学后，因为不讲道理，没有一个人愿意和她做朋友。

在孩子认知的世界里,他们判断事物的对错,是来自你的每一句话。因此,你在说每一句话之前,都要认真地想一想,争取把正确的信息传递给他。

妈妈，奶奶也不说声谢谢
——维护孩子尊严，给足面子

孩子的内心是非常脆弱的，你一不小心就有可能伤害到他的自尊心。所以一定要注意维护孩子的尊严，给足他"面子"。

有一次，我在坐公交车时，人很多。一个七八岁的小男孩，起身把座位让给老奶奶，然后被妈妈拉着往车厢里面走。

老奶奶忘了道谢，我听到男孩不高兴地对妈妈说："妈妈，奶奶也不说声谢谢。"

妈妈笑着说："我们给人让座位，是对方需要帮助，不是为了听谢谢。"

他说："那我以后不让了，这样多没面子。"

妈妈说："怎么没面子？"

他说："就好像那座位是她应该坐的一样，这样反让我觉得自己是抢了她的座位。"

妈妈笑道："哦，既然这样，我替奶奶谢谢你。她上了年纪，是记忆力不好才忘了，不是有意的。"

他也笑了，对妈妈说："没关系。"

孩子再小也有自己的思想，自己的尊严。随着他的成长，他们开始希望能够有自己的尊严，希望能受到大人的重视和尊重。

因此，要维护他的尊严，做父母的要细心观察，留意生活中的每一件小事，给足他面子，只有让他在尊重中成长，才能让他学会尊重别人。

我有个朋友，是位经济学家，他向我讲起小时候的一件事。有一次，母亲因为生病，让他向一个亲戚借钱买药。

那个亲戚很有钱，有点看不起他们。在给他钱时，亲戚说："给，不用还了。"他听后很感动，正要说声谢谢时，亲戚带着嘲讽的口吻说："我就是想要，你们也还不起啊。"

朋友顿时被这话噎得脸都红了，为了母亲的病，他忍气吞声地回家了。母亲看他脸色不对，就问他。他起初不说，后来禁不住母亲套他的话，才如实地说出来。

母亲听后，立刻带他去亲戚家，委婉地拒绝了亲戚的帮忙，把钱还回去了。回家路上，她对儿子说："孩子，一定要记住，我们可以没钱，可以忍受病痛，但不能丢掉做人的尊严。当我们穷得只剩下尊严时，才能激励自己继续向前冲。"

他说："每当我遇到什么不如意时，我就想起母亲这句话，让尊严激励着我向前冲。"

"我这次犯罪，是因为妈妈。"几年前，我应约去一所少年看管所，为那些孩子做心理咨询时，有个少年单独找我咨询，开口就说了这句话。

他说上小学时，有一次被一个高年级的男生欺负，还让他喝臭水沟里的脏水。他说："当时的感觉就是，没喝出水的味道来。只是觉得当着那么多人的面，把人丢尽了。"

妈妈知道后，到学校把那男生辱骂了一顿。事后妈妈告诉他，和同学打架不能吃亏，还说："谁欺负你，你就狠狠地给我打。要是打坏了，我出钱。要是你被打坏了，讹他个几十万。"

在妈妈的教导下，他以后不但不受人欺负，而且还欺负别人。

"说句不好听的话，我那时厉害，是出了名的。可是尊严维护了，却助长了我的坏脾气。"

有一次，他在超市与人发生争吵，对方欺他年纪小，骂他的话极难听。他觉得伤了自尊，趁对方不备，竟用旁边的灭火器打，对方因伤势过重住进医院，他也被关进了少管所。他叹口气说："早知道自尊能让我付出这么大的代价，我真不会这么做。"

我对他说："我们要维护自尊，但同时也要维护别人的自尊。更重要的是，要认清什么是尊严。我觉得，尊严要建立在尊重自己、尊重别人的基础上。"

听着我的话，他眼神里满是悔恨。

一个人的心灵世界是靠尊严来支撑的，别以为孩子小就没有自尊和面子的意识。家长要懂得维护孩子的这种尊严意识，给足他面子，这样才能潜移默化地养成他自尊自爱的个性。

但孩子的尊严意识并不成熟，甚至常常显得幼稚，家长要多给予正确的引导，给孩子树立正确的尊严观念。正确的尊严意识能改变一个人的命运；反之，则会毁掉他。

第二章

言简意赅,重点突出
——让孩子清楚、透彻地理解你的话

我以为你能从我的训话中猜出来呢
——褒贬分明，别让孩子去猜

交谈前，要明确你的目的，不要把交谈变成一场指责孩子的战争。批评孩子要委婉，表扬孩子要具体，清楚地让孩子明白你的态度和想法，这样的交谈才有效。

上大学的时候，我下铺的女同学，每次一接到她妈妈的电话，就向我使眼色，意思是叫我接一下。在我接之前，她会对她妈妈说："我没骗你，是有个同学在等电话，不信你问她。"

等她妈妈一放下电话，她就长出一口气，对我说："我现在一回忆起小时候妈妈对我的听觉'摧残'，就不寒而栗。"

原来，她妈妈无论是对她的批评，还是赞扬，都说得含含糊糊。妈妈会无缘无故地训斥她一顿，有时又会莫名其妙地表扬她一番。

她总结道："从小我就没有自信，常常不知道自己做得到底好还是不好，也不知道怎么才能让妈妈高兴。"

由于小时候敬畏妈妈，她不敢说出来，上大学后，就用拒绝和妈妈通电话来躲避。

大学毕业后，为了不听妈妈的"唠叨"，她索性选择了离家很远的城市去打工。

很多年以前，我房东的儿子对我说："姐姐，我好想长上翅膀，飞到天上去，那样再也不用听我妈的声音了。"他那时才上小学三年级。

我参加工作的第一年，在一所研究机构工作，因为单位离家远，就在附近租了一间平房。与房东一墙之隔。

第二章 言简意赅，重点突出——让孩子清楚、透彻地理解你的话

只要他在家，女房东就会不停地指责他，比如：

"看看，你这次又比同桌少好几分。"

"你字写得好看点不行吗？"

"不许给我看电视。"

"你怎么这么不争气，你妈的脸都被你丢尽了。"

……

起初他还会顶嘴，说："你到底想让我怎么做呀？"

渐渐地，他不再说话。只要女房东不在家，他会溜到我房间。要是被女房东知道，她就会说他："小小年纪就学会串门聊天了，这可是女人……"

每当这时，他看也不看妈妈一眼，就捂住耳朵跑回自己房间。

不当着他的面，女房东也会讲到他的许多优点，比如会疼人、聪明等等。从她说话的语气中，她很认可孩子的这些优点。

我对她说："这些话，你该当面说给他听，这样会让他正确地认识自己……"

她立刻打断我，说道："哪能当面说给他听呢，我还不了解他，一听好话就不是他了。"

我问："你不说他怎么知道自己好在哪儿？又错在哪里？"

她想也不想就说："等他长大了，自然就知道了。"

与孩子沟通的重心是彼此间要敞开心扉，实话实说，让他知道你要表达的意思，同时也要让他讲出自己的心里话。这种沟通不仅会让你随时掌控孩子的情况，还会加深他对你的爱和信任。

小语在饭桌上向我们宣布："以后我不管功课多忙，都要帮奶奶和妈妈收拾家务，减轻你们的负担。"

听了她的话，婆婆高兴地说："先不说我舍不得让我孙女干活，光听她说这句话，我心也暖暖的。"

小语听后，脸上乐开了花。丈夫旧事重提："妈，我记得我小时候，帮你做过好多事情，你可从来没说过这些话。"

婆婆笑道："我嘴上是没有说，可心里很高兴呀。"说着，她讲起丈夫上六年级时，有一次下大雨，到她公司给她送伞的事情。

婆婆说："你走后，我对同事说，'看，我这儿子多懂事。'"

丈夫也记得这事，就说："那你为什么不当面说，回家后也没提过。"

婆婆却说："后来我不是夸过你长大了吗。虽然没向你提这事，可我心里记着呢。"

丈夫恍然大悟，说："现在我才明白，小学毕业前你常夸我长大了，当时我还纳闷，长大了有什么好夸的。原来是送伞的事呀。"

婆婆又说："你上初中时有段时间我老训你，知道为什么吗？"

丈夫摇头。婆婆笑道："你们班主任告诉我，说你过于自信，有点骄傲的情绪。"

听了婆婆的话，丈夫不解地问："你当时怎么不明着告诉我？每次我挨了你的训，也不知道自己哪儿做错了，害得我放学后有点不想回家。"

婆婆说："我以为你能从我的训话中猜出来呢。"

与孩子说话，无论好话坏话，你一定要把握住重点，捡最主要的来说，好让孩子听后能马上明白你要传达的信息，同时能认清自己身上的优点和不足之处，这对他以后发挥自身的优点或是改正缺点，能起到重要的作用。

孩子毕竟是孩子，有时犯了错误也意识不到。这时候父母一气之下说出过激的话，很容易伤到他。因此，父母指责他时要委婉、含蓄。而表扬的话，则要说得直白、动听一些。

等你想好了，咱们再商量
——与孩子谈话的主题要集中具体

你和孩子说话前，一定要明确自己谈话的内容，这样才能让接下来的谈话具体而且有针对性，孩子才能明白你到底想要说什么。

我一进门，就看到丈夫正在和小松谈话。看到我，丈夫说道："你来和他谈吧。他今天犯了很大的错误。"说完拉我到书房，低声说："他偷着到网吧上网了。"

"家里不是能上网吗？"我问道。

"这就是让你给他谈的目的，问清他上网干什么了。"丈夫说，"还有，刚才他跟我说，已经去网吧上过好几次网了，你也问问他那几次是和谁去的。"

小松看到我，怯怯地说："妈妈，我前几次上网，真的是和同学一起去的。"

我对他说："以前的不提，我们就谈今天你到网吧上网的事情。咱家能上网你怎么还去网吧？"

小松说："姐姐得用电脑上网查资料。"

"哦，为什么不等姐姐用完了再上，是不是有什么急事，需要上网来解决呀？"我问道。

"我给爸爸说了，就是在网上看动画。"小松老老实实地回答，"可爸爸不信。说要找我的同学问清楚。"

"你说的是实话，我相信你。"我笑着说，漫不经心地问他："我特别喜欢听你讲故事，能不能把今天看的动画，给我讲讲呀。"

见我夸他，小松眉飞色舞地讲起来。

等他讲完，我心中确定他没撒谎，就先肯定他："讲得真不错，在你生动的讲叙中，我仿佛也看完了这两集动画。"又问，"从这次在网吧看动画,你觉得和在家里看有什么不同?"

他想了想,说:"在网吧里看,自由放松,可空气不好,有的人把鞋脱了,有的抽烟,有的吃零食。哪如在家里环境好啊!"

我问他:"是不是觉得在家里我们对你有时间限制,才感到不自由不放松的?"

他摇头:"在网吧也有时间限制。"

"你帮我想想,制订什么样的上网时间,才让你觉得在家上网也自由放松呢?"我建议道,"等你想好了,咱们再商量。"

小松高兴地答应了。不久我们制订了新的上网时间,只加了一条:他上网时,若没有太急的事情,不能随便占用他的时间用电脑。

有个朋友,才四十岁就成为某公司的董事长。每次和我见面,总忍不住向我自豪地讲起他的母亲,评价她是"把事情谈得最具体"的人。为此,他给我举过一个例子。

他小时候个子长得不高,老是被同学欺负。起初他总是忍着,后来被一个高个子的男生追着收他的"保护费"时,他开始反抗了。

可能是老被欺负而压抑了他的性格,他用一种豁出去的狠劲来对付找事的同学。居然把比他高的男生也打怕了。其中一个男生跌倒时鼻子破了,家长还讹他家不少钱,说是医药费。

老师对他妈妈说:"他以前很老实,不知道为什么变成了这个样子。你好好问问他。"

妈妈像以往一样来到他房间,温和地问:"咱们谈谈这件事吧。"

他一下子感动起来。他家经济条件不好,却为同学出了那么多冤枉钱,满以为妈妈会骂他一顿,没想到妈妈对他这么宽容。

他难过地说:"妈妈,其实,那同学没受多大伤,他是在讹我们的钱。"

妈妈说:"咱们今天不谈别的,就谈你和同学打架的事情。"

他说:"他们以前老欺负我。"

第二章 言简意赅，重点突出——让孩子清楚、透彻地理解你的话

妈妈同情地说："我知道你是被欺负怕了才动手的。今天先不谈这些，就说你这次打架的事情。"

他只得承认："这件事怪我，我听人说他在背后骂过我，当他又朝我要'保护费'时，我出手也就重了。"

妈妈耐心地说："今天你能承认是你不对，以后就不要再犯同样的错误了。再怎么闹，你们都是同学，不能太计较以前的事情，你说是吗？"

他说："你都不计较我以前惹的事，我哪里还计较。"说完这话，妈妈和他都笑了。

讲完这件事，他对我说："妈妈不光处理这件事情让我服她，包括她处理其他事情，都令我心服口服，对我的影响很大。"

◇◇◆◇◇◆◇◇◆◇◇

上大学的时候，我们班上有个男生，文笔很好，发表了很多文章，在大学里是小有名气。如果你听他讲一次话，他的形象就会在你心目中打折。

他讲话老是跑题，当你的思维还在这件事上时，他早已经说另一个不相关的话题了。

对于他的这种表现，熟悉他的人说他是"肚子里有东西倒不出来"；不熟悉的人说他不厚道，怕别人超过他，不肯教人。后来，他写过一篇文章，我们才明白他并不是故意的。

文章写的是他的妈妈，他说，每次他犯了错误，妈妈会在一周内与他谈论这事，甚至于还把好几年前发生的事翻出来……

他在文章结尾说："妈妈这种长时间纠结在一件事上的说话方式，在不经意间传染了我，让我做什么事情，都没有明确目标……"

我有个亲戚，工作能力不错，很多次公司都想提拔她当主管。可是，因为她讲话罗嗦，有一部分领导不同意，怕她在传达公司文件时，给员工带来误会。

有一次，她无奈地对我说："我这个毛病，是妈妈传给我的。小时候，她给我谈什么事情，都要东扯西扯一大堆闲话，有时都不知道谈论的是哪个话题。"接着又叹一口气：

"那时我为了给妈妈把事情讲清楚，就学她那样。没想到，让我养成了这种不受欢迎的说话方式。"

你对孩子的爱，不仅仅是无微不至地照顾他的饮食起居，还要把话说得到位，温暖他的心，让他在快乐中接受你的"训话"后，还会把你这套说话的方式"占为己有"。

◇◇◆◇◇◆◇◇◆◇◇

你和孩子说话前，自己先要明白要和他谈什么，这样你和他的谈话才会变得具体，有针对性，让他心领神会。同时，这种良好的说话习惯会给他以后带来很大的影响。

帮我把这几件衣服洗了
——给孩子传达指令要清楚明白,越简单越好

在传达自己的指令时,一定要直接、清楚,让孩子明白自己具体要做什么,这样的指令才是有效的指令。

我准备洗衣服时,接到一个朋友的电话,说有事让我赶快过去一下。我看到小语在客厅看电视,就问她:"小语,你下午有时间吗?"

"干什么呀?"她问。

"帮我把这几件衣服洗了。"我说。

"好的。"她飞快地答道。

奶奶出来,笑着说:"你妈妈让你干什么,都满口答应。上次你爸让你干活,你就推来推去的。"

小语说:"爸爸安排我干活时,也不问我有没有时间,也不把要干的活讲清楚。他就说让我把家里不干净的地方收拾一下。扫地、拖地、洗衣服、收拾房间都是收拾啊,那么多活儿我哪做得过来。我拒绝的理由是,一没时间;二怕胜任不了那活。"

你指使孩子干活时,心里只想着自己需要帮忙,话也讲得含含糊糊,让他根本听不明白你让他到底干什么,又怕干错了受你的批评,就干脆拒绝。

长此下去,孩子就会给你留下"懒惰"的印象,其实是因为你传达指令不清楚的问题。

◇◇◆◇◇◆◇◇◆◇◇

有一位母亲向我抱怨,说她儿子都十五岁了,什么活都不会干不说,连传个话也传不好。接着,她向我讲起儿子因传错话闹出的笑话。

这位母亲是位小学教师,她的亲侄女是她班上的学生,学校规定每周一学生都要换上校服,参加升旗仪式。

侄女每次不是不换校服上衣,就是不换校服裤子。为此,校长多次点名批评她们班的班容。后来,她还特意打电话给小姑,但侄女还是不改。

有一次,儿子去小姑家玩,她就让他告诉小姑周一记得给他表妹换校服,不能换了上衣,不换裤子。"可你猜他是怎么说的?"

我说:"不就一句话嘛,周一让表妹穿校服。他还能怎么说。"

她模仿着儿子的声音说:"'我妈说,表妹周一有时不穿上衣,有时不穿裤子,有时干脆衣服裤子都不穿。'他姑姑听了,一时没反应过来,忙打电话问我到底是怎么回事。"

我笑着说:"你让他捎的这话确实有点拗口,传达的意思不太明确。不如就说,'让你姑姑记得周一提醒你表妹穿校服。'"

她听后,点头说:"是呀,我当时怎么没想到呢。"

记得小时候,有一次父亲要出远门,把我托给他的一个朋友照顾。他朋友的妻子是一位杂志社的主编。

做晚饭时,她问我:"你愿意帮我做饭吗?"

一听说要帮助大人干活,我很高兴,说:"愿意。"

在厨房里,她问:"你是喜欢择菜还是喜欢洗菜。这两样你只选一个就行。"

我选择了择菜,她来洗菜。

吃完饭,她说:"帮我把碗筷放到盆里,我去帮你开电视,好吗?"

我照做了,她来时,见我洗腕,又高兴又不解,问我:"我好像没说让你洗碗吧。"

我说:"你没有,可我想洗碗。"

她笑着用手摸摸我的脸,说:"你真好,来,你洗第一遍,我洗第二遍。"很快,我们就把事情做完了。

多年后，当我也成为一位母亲，才渐渐领悟到，父母对孩子的"发号施令"，只要能做到表达准确，把需要孩子做的事情说得细致具体一点，孩子就会觉得很容易完成，从而比较乐意接受。

在要求孩子做事情时，你先要想一想这件事情他能否做到，然后再发简单明确的指令给他。

到我真的去做某件事时,倒忘了要干什么
——分清主次,不要冗长繁琐

有个朋友对我说:"父母和孩子说话,最忌讳的就是你给他讲半天,到最后孩子却不知道你给他讲的是什么。这样的话说多了,孩子就会有抵触的情绪。"

他小时候,母亲在指使他做什么事情时,总要扯上一堆无关紧要的话,他说:"因为妈妈说的话太多了,到我真的去做某件事时,倒忘了要干什么。"

有一次,母亲让他去车站接亲戚,他走时,母亲就说:"可不能像我上次接朋友那样,说好了在出站口等,我等得不耐烦了,就去附近转悠,又赶上朋友的手机没电了,联系半天联系不上。后来耽搁了两个多小时……"

他说:"我就这么听母亲讲着,等我听完,出门后,却忘记问母亲,亲戚坐的是几点钟的火车了,在哪个站台等,只得打电话重新问。这时,母亲训我后,又讲上一堆无用的话。"

就这样,那次接人事件让他脑子里一团糟。幸好亲戚的手机有电,他们才及时联系上。

和孩子说话,你一定要就事论事,一语中的,把最关键的事情说清楚,千万不要泛泛而谈,最后让他抓不住主次。

我有个朋友,前年开了一个小公司。他招聘的员工没干多长时间就辞职了,他不知道什么原因。按说给员工的工资,在同行业中也不算低,而他脾气也很好,就是留不住人。

当一个干了一年多的主管递上辞职信时，他决定问清原因。

他把主管单独叫到办公室，动之以情，晓之以理来挽留他。看到主管不再坚持走了，才真心实意地问："给我透个实话，你是对公司不满，还是对我有什么看法？"

主管说："说心里话，我对工资待遇很满意，你人也很随和。"

"可你为什么要走？"他问，"希望你看在我平时对你不错的份上，能把实情告诉我，这样我好改进呀。"

主管犹豫了好久，才说："好吧，我就实话实说。因为您在指派我们工作时，话讲得不明白，比如您让我们给指定的客户谈业务时，事先会说很多不相关的话。"

他一惊，说："我是怕你们谈砸了。"

主管说："您的好意我们都理解，可再好的话，表达不明确，就会变得罗嗦，到最后我们可能把最重要的事情忽略掉，影响我们的办事效率，到时您不高兴，我们也没有提成。"

他对我说，主管的话让他很受打击，之后他留意自己在工作中说的话，还确实存在这个问题。

"没办法，这些都是小时候养成的习惯。那时父母怕我做不好或是想让我们做更多的事情，分配任务时就有点乱、杂，没有主次。"他总结道，"时间长了，我也受到影响。"

来自家庭的正确或是错误的教育，会影响到孩子的一生。你与孩子交流，不管是语言内容，还是说话方式本身，对于孩子的成长来说，都极其重要。用最清楚明确的语言和他们交谈，能让孩子也养成说话办事干练果断的风格。

无论是在孩子面前说话，还是对孩子下达指令，你都要分清主次，不要扯上一堆无关紧要的话。冗长啰嗦的话语不但会让孩子忘了最重要的内容，还容易引发孩子的抵触情绪。

你仍然会继续写下去？
——强力控制话题，莫让谈话主题游走

很多父母在和孩子交谈时，容易被孩子牵着鼻子走，父母要明确自己的谈话主题和目的，让孩子按照自己的话题思考和交谈。

有位网友，向我讲起他的母亲时，说道："我妈话不多，但是只要她一开口说话，即使我很反对的问题，也会让她说得非但不反对，反而很赞成。"

接着，他讲起上周发生的一件事情。

他入选参加区中学生作文大赛，就在大赛前两天，他被告知不能参加了。事后他得知，顶替自己的竟然是班里最要好的朋友。

他愤愤不平地说："只要参加这次大赛，就有资格参加市中学生举办的夏令营活动，费用全免。我这个朋友原本不如我，是因为他父母动用了关系，我才被挤下来的。"

那几天，他心里痛苦极了，有好几次，都想找那朋友打架。母亲得知后，就问他："你是真的喜欢写作文？"

他张口说道："对。"

母亲又问："即使没让你参加这次比赛，你仍然会继续写下去？"

他回答："对。"

母亲接着又问："如果不能参加今年的夏令营，你也要坚持写下去吗？"

他点头："对。"

讲到这里，母亲笑了，说道："既然是真心喜欢写作，何必还在乎其他形式上的东西呢。"

母亲的话，让他豁然开朗，心情顿时轻松了不少。

第二章 言简意赅，重点突出——让孩子清楚、透彻地理解你的话

当孩子在父母面前，连续回答三个"对"时，说明他在情绪上已经默认与你站在统一战线上了。这时他的大脑会不由自主地跟着你的思路走。你在谈话过程中，就撑握了主动权。

堂妹的儿子方林上小学，聪明好学，各科成绩都不错，可就是字写得太潦草，他的作业本，什么时候都是黑乎乎的一片。

每次堂妹训他时，他非但不听，反而还振振有辞："我字写得虽然不好，又不影响我的成绩。我们班上那些字写得好的同学，哪一次都没有我考得好。"

有一次，在方林写作业前，堂妹拿出一本工整的本子，对他说："你知道这是谁写的吗？"

"肖扬的。"方林脱口说道。肖扬是他们班上这学期字写得最好的同学。

原来，在决定劝方林之前，堂妹特意赶到方林的学校，向方林的班主任要过来的。

"你看他的字写得多好。"堂妹夸道。

"字写得好，成绩却不好。"方林不服地说。

"那你看看这个本子。"堂妹把肖扬以前的作业本拿到他面前，"写得怎么样？"

"嗯，和我的写得有点像嘛，不会是我的吧。"方林说着要看作业本上的名字。

"这是肖扬以前写的。"堂妹边说边让方林看作业本上的名字，"看完后你有什么感觉？"

方林有点吃惊。堂妹趁机说："肖扬写得好的那本，是今年的；写的差的这本，是去年的，不到一年时间，他就能写出这么好的字。你并不比他笨，只要努力，一定会超过他的。"

"可我要是练字的话，就没时间复习功课了。"方林强调理由，并企图转移话题。

堂妹拿出方林的作业本，把话拉回主题："细看你的字，写得还是比较工整的，只要你再认真一点，把字写好是没问题的。"

堂妹说完拿起笔，把方林今天要写的第一个生字写在本子上。接着说道："今天妈妈守着你，先把这第一个字写好。你有信心吗？"她边说边把本子放到方林面前。

方林心里不悦，动作上就表现得很缓慢。堂妹见状，连忙把笔递给他，说道："万事开头难，只要你写好第一个字，我敢说，下面的字，会一个比一个写得好。"

在她的监督下，方林磨蹭了一会，才写第一个字，虽然不是太工整，但是比他以前写的好多了。

"真棒，相信你下一个字，会更工整的。"堂妹拿起方林写的字，故意左端祥右端祥，称赞道，"没想到，你还能把字写得这么好。继续努力。"

堂妹上面这一番规劝的话，既维护了方林的自尊，又达到了鼓励他进步的目的。在得到肯定和鼓励后，方林信心大增，认真地写起来。

和孩子说话，父母要想控制话题，就不能让话题任意游走，当他找借口岔开话题时，你要迅速做出反应，在说话的同时借用肢体语言来劝他。这样才能有的放矢，使劝说获得成功。

◇◇◆◇◇◆◇◇◆◇◇

朋友苏颖是位儿童教育专家，她的儿子晓晓，聪明机灵，非常调皮，特别喜欢和大人顶嘴。

有一次，在厨房做饭的奶奶，让晓晓到楼下叫爷爷吃饭。正在电脑前玩游戏的晓晓不去，还顶嘴说："家里这么多闲人，凭什么叫我去呀。"

当时苏颖在洗衣服，听了晓晓的话，就走过来说道："我在洗衣服，奶奶在做饭，你在上网玩游戏，你说咱们家里谁是闲人？"

晓晓狡辩道："反正不是我，我又没闲着。"

苏颖站到晓晓面前，向他平摊着手掌劝道："你看，饭马上就好了，快去叫爷爷吧。"

晓晓身子没动，眼睛仍然看着电脑屏幕，大声说道："家里就爷爷是个大闲人，吃饭还得让人叫，烦死人了。你知道爷爷在楼下做什么吗？他在说闲话呢。"

苏颖知道，晓晓的话，明显是在转移话题，如果此时再和他斗嘴，晓晓还会扯出很多与话题无关的话来气她，最后达到不去叫爷爷的目的。

想到这里，苏颖不再说话，只是冷冷地看着晓晓，然后她右手做了一个翻转手掌的动作，使原本向上的手心开始朝下，这个简单的动作，带着示威的信号，晓晓乖乖地离开了。

和孩子说话时，父母要想完全控制话题，光凭语言是不行的，适当的时候，不妨用用自己的身体语言。

◇◇◆◇◇◆◇◇◆◇◇

和孩子谈话过程中，父母要想强力控制话题，自己说话时不能谈与话题无关的话。若孩子想转移话题或耍赖时，你要想尽一切办法截住他的话，必要时可以使用身体语言。

当父母把对孩子的不满表现在身体动作上时，仍要用不伤他自尊的话和他讲道理，同时把话题牵回到主题上来。此时即便你的言辞很客气，仍会让他感觉到你的气势，而不敢反抗。

第三章

给孩子说的话要包上蜜
——把话说得让孩子想听、爱听

❀ 孩子，你长大了，谢谢你牵挂着妈妈
——不要吝啬对孩子的赞美

面对孩子，你似乎很难说出赞美的话。赞美能增加孩子的自信，给他强大的动力，你一定要张开嘴，说出赞美的话。

"不知道为什么，有时孩子做得很好，可我就是说不出夸他的话来。"好多妈妈向我提过这个问题。

"特别是在孩子上了中学后，觉得一些赞美的话说出来很肉麻。"一年前，一位母亲特地从外地赶来听我的课，课后，她这么对我说。

我问她："孩子表现得令你满意，为什么不把你的满意告诉他呢？你又没有夸大其词，只是如实表达你的心情而已。"

她笑着说："我试过几次，就是说不出口。"又提到不久前发生的一件事。

有一阵子，她和丈夫的工作都很忙，每天很晚回家。有一次因为临时加夜班，她只给丈夫发了短信。

等她凌晨三点多回到家时，却看到儿子的房间仍然亮着灯。她以为儿子睡着了没关灯，就进去帮他关上。发现儿子伏在桌前睡着了，她就想叫醒他到床上睡。

没想到儿子醒后，看到是她，先是长舒一口气，接着生气地说："我不用你管，这么晚了你干什么去了？"

她也生气了，说："你这孩子，倒质问起大人来了，我除了加夜班能干什么呀！"

儿子大声说："你加夜班也不和我说一声，我担心死了，还以为你出了什么事情，打爸爸的手机，也关机。后来他打电话说也加班。我哪里敢睡觉，想你再不回来，我就出去找你。"

儿子的话让她热泪盈眶，她想对儿子说："孩子，你长大了，谢谢

你牵挂着妈妈,下次我会告诉你的。"

可她就是憋着没说出来,一连几天,儿子都不想和她说话。

她说:"今天我听了你的课后,再想起这些事情,还真得学着向孩子表达我对他的赞扬。"

我说:"有了父母的肯定,孩子才会成长得更快。"

半年后,她高兴地给我打来电话,说:"蒙老师,先说一声谢谢。"接着又说,"我回家后按你说的那样,儿子有了进步就肯定他,夸奖他。没想到他越来越懂事。还多次在他的朋友同学面前说我是最理解他的。"

"在妈妈眼里,我是一点优点也没有。不管我做什么事情,她都不看好。现在我也开始怀疑自己了。"这是一个16岁的女孩写给我的信的开头部分。

在信中,她还提到一件事情。

有一次,妈妈过生日。为了给妈妈一个惊喜,她把半年前就开始积攒的钱拿出来,买了妈妈向往已久的真丝纱巾;又买回做蛋糕的食材,自己动手做了一个生日蛋糕。

为了做好这个蛋糕,她还专门向开蛋糕铺的同学的父母学过。

担心妈妈心疼钱,她故意把纱巾上的标签剪下来;想把蛋糕做得经济实惠,她是在同学父母指导下做的。为报答人家,她利用周末时间,在蛋糕铺打了几天零工。

妈妈生日那天晚上,她早早干完自己的事情,怀着激动的心情,精心布置着妈妈的生日宴。可是,妈妈进门看到那么大的生日蛋糕时,眼前亮了一下,却说道:"这得花多少钱啊?"

听她说是自己做的时,妈妈又说:"有这时间你该多看看书,明年就中考了。"

看到丝巾,妈妈训她:"我年纪这么大了,买这么好的丝巾,你这不是浪费钱吗?唉,你知道现在挣钱有多难吗?"

她骗妈妈:"商场打折的,很便宜,才——"

"你又去逛商场了?"妈妈明显地不高兴,"把这么多时间全浪费掉,值得吗?唉,你让我怎么说你呢?"

她在信中说:"听到妈妈这些话时,我的头嗡的一声,感到自己这辈子真完了。以后做什么事情,我再也没有了激情,做得再好,妈妈都有刺可以挑。我永远都不能让她满意。"

小语上幼儿园时,每天回来都要向我汇报她的情况。"妈妈,我把玩具让给小丽,老师表扬我了。""妈妈,老师表扬我歌唱得好,还发了小红花。"……

每次我都会对她说:"太好了,可你不能骄傲,要是做得不好的话,老师就不发你小奖品了。加油啊。"她边咯咯地笑边连连点头。

有一次,我们带她到小区附近的公园散步,她从地上捡起两片黄叶,送给我和丈夫。丈夫接过来,顺手丢在一旁的垃圾箱里。

我看到她的小脸涨得红红的,就温柔地对她说:"谢谢小语,我要把这片叶子夹到书里做纪念。"她听后,拍着小手笑起来。

从那以后,在家里她有什么好玩的、好吃的,都会先送给我。我对她说:"你真懂事,知道先让给大人。"

丈夫在一旁却说:"小语,你怎么不给爸爸呀。"

她说:"爸爸不喜欢小语的礼物,扔掉了。"

看到这里,我们不得不惊叹,在孩子幼小的心里,居然珍藏着这么多让他们有感触的小细节。

孩子需要大人的赏识,当他的行为值得表扬时,你要立刻有针对性地讲出来让他知道。这样可以让他清楚地知道自己的表现优秀在哪儿,好让他学会判断什么是好的表现,并且将好的表现保持下去。

第三章 给孩子说的话要包上蜜——把话说得让孩子想听、爱听

身为父母,别吝啬对孩子的赞美,也不要因为孩子大了就觉得表达对他的爱是"肉麻的事情"。你一句不经意的赞美,就能帮孩子建立起自信,树立正确的是非观念,同时拉近你们的亲子关系。

如果你觉得小家伙在不知不觉间"疏远"了你,请反省一下,自己是不是很久没有赞美过他了?

❀ 您觉得我这次还能当班长吗？
——鼓励孩子永远不嫌多，不嫌晚

当孩子遇到困难、挫折时，父母要想让他顺利渡过，就要多说鼓励的话，恢复他的自信，即使他失败了，也会有勇气面对下一次的挑战。对孩子来说，鼓励的话弥足珍贵。

看到小松闷闷不乐地来到我的房间，我就知道他又遇到困难了。果然，他开口就对我说："妈妈，这次老师留的数学题太多了，我怕做不完，你能不能帮我抄一些。"

刚上小学时，因为老师留的数学作业太多，他的同学就让父母帮着抄题，自己填答案。他也想让我帮他，我做过老师我明白，给学生留的作业，一般在他们的承受范围内。

因为怕直截了当地拒绝让他难以承受，平时我都鼓励他："小松，妈妈相信你能自己解决。要是你实在做不了，我再帮你抄，好吗？"

虽然他不乐意，又不想驳我的意，每次都坚持着写完。今天他又说这话，我猜他又遇到了困难，对学习失去了信心。

我只得再次鼓励："以前题那么多，你都自己完成了，我相信你这次还是能自己搞定的。"

丈夫进来，笑着激将他："你每次都是这些话，我猜小松早烦了。"然后看着小松，"你是不是觉得妈妈的话有点唠叨？"

小松摇头，说："不，我每次听到妈妈这话，就有信心了。"他看看我，大声说道，"妈妈，我去学习了。"

他走后，丈夫问我："呵呵，知道吗？他这次来找你帮忙的原因不是因为题多，而是借此来听你的鼓励的。"

"你怎么知道？"我问。

"刚才我到他房间看了他的数学作业，并不多。"丈夫笑着说。

◇◇◆◇◇◆◇◇◆◇◇

我有个同事,三十多岁了,最近突然对自己不满意了,嫌自己眼睛小、脸大、身材胖,要进行全方位的整容,整出理想的自己。在整容前,她说得先征求母亲的意见。

有同事笑她:"你都是孩子的妈了,还没自己的主见呀?这事也要同你妈商量!"

她笑道:"唉,不怕你们笑话,别看我妈上了岁数,她的观点见解,比我还新颖呢。我小的时候,什么事都要和她商量。"

几天后,她对我们说:"不想整容了。"

"怎么这么快就改主意了,是不是家人反对?"有同事惊讶地问。

"没人反对,是我自己改的。我妈说得对,有些事情很难做得完美,特别是自己的相貌。要是我实在想做,她也会支持的。"

"那你怎么不做了?"

"我妈有句话打动了我,她说,在她眼里,我的心好,性格也好,人人乐于和我交往,这比漂亮的容貌更重要。而且她觉得,我眼睛长得像我爸爸,很漂亮。"

我相信任何人听到母亲这样的话,都会重新考虑的。

对于孩子来说,记忆最深的莫过于来自父母的鼓励,特别是在儿时,你的每一次鼓励都会让他在内心感激你,让他重塑信心,同时也会让他更加信任你。

这种信任会陪伴他一生,每当他碰到犹豫不决的事情时,你的建议或是鼓励依然让他深信不疑或是大受鼓舞。

◇◇◆◇◇◆◇◇◆◇◇

我当班主任的时候,班上有一个女生,非常优秀。她从初一开始当班长,做事非常有条理,可就是情绪不稳定,老是怀疑自己的做事能力。

初二时，班里要重新选班干部，我就召集班委会来商量。散会后，我看到她迟迟不离开，就问她："你有什么事吗？"

她吞吞吐吐地说："老师，我……您觉得我这次还能当班长吗？我适合当班长吗？"

客观地说，她真的很适合做班长，有同学缘，管理班上那么一大堆事情，居然影响不到她的学习。

我问她："你怎么突然有这个顾虑？"

她说："我妈妈说我管人不行，还说以后学业重了，怕影响到我的学习。"

我对她说："我很认可你的优秀。选上了，只要注意方法，坚定信心，你会做得很好；选不上，你同样会做得很好。你的才能与当不当班长没关系。"

她听后，眼睛湿润了，说道："老师，听了你的话，我什么顾虑都没有了。"

丈夫已经人到中年，每次遇到不顺心的事时，就爱和婆婆说。

婆婆总是那句话："记得你上学时，第一次考不好，第二次准考得好。为什么？就是因为你善于总结呀。我觉得你开公司，也是因为会总结，这次你再总结一次，准能做得更好。"

婆婆这句话，打我和丈夫结婚时，我就听她说过，一直到现在。

有一次，我听小松对小语说："姐，奶奶怎么老给爸说那些话啊，我都听好多遍了。"

小语故意反问他："是呀，那为什么咱爸也不嫌烦呢？"

小松说："这话是在夸他，他哪会嫌烦！要是妈妈老给你说，你会嫌烦吗？"

小语捏捏小松的脸，笑着说："是啊，你都巴不得妈妈天天夸你吧？"

第三章 给孩子说的话要包上蜜——把话说得让孩子想听、爱听

我有一个亲戚，公司开了不到三年，就发展到上百人。朋友和员工对他的评价是："懂得赏识别人。在他眼里，任何人都有别人不可取代的优点。"

他腿有点残疾，上学时因为老被同学嘲笑，就开始厌学，后来发展到逃学，和一帮社会上的无业青年混在一起。母亲得知后，问他为什么不愿意上学。

他说："我这个样子，在别人眼里那么滑稽可笑，没一点可取之处，学了知识也是给人当笑料，索性就做个坏人。"

母亲说："谁说你没有可取之处，就凭你刚才说的话，就看出你是一个很有思想的人。"

他抬头看妈妈："你真的认为我有思想？"

母亲点点头，说："你因为自尊心很强而敏感，因为敏感才自卑。你知道吗，你身上最让我欣赏的就是你的自卑。"

他不高兴地说："自卑能有什么好处？"

母亲笑了，说："当然有了。自卑能成就两种人，一种是化自卑为勇气，成为生活的强者；一种是化自卑为堕落，成为别人所不齿的人。"

他问："你说我会成为哪种人？"

母亲说："当然是第一种人了！你是我的儿子，我相信你会把自卑换成自强，将来会做一番事业的。不信，你试试看！"

他低头不语。

母亲又说："我看过你写的作文，扣题，语言优美，有灵性，以后多读读书，说不定能当作家呢。你有胆量，有魄力，有号召力，爱动脑子，再多读些书，我就不信会比别人差。"

他再次抬头看着母亲，虽然没有说话，但心里充满感激之情。

母亲郑重地对他说："其实，我们每个人身上都有优点，关键是看

自己如何发挥、运用。"

母亲对他的肯定和赏识,让他彻底改变了自卑,开始重新振作起来。以后的日子里,他一边微笑着迎接各种异样的目光,一边把自己的聪明用到学习上。

当他屡次被老师表扬时,他有一种"我原来可以这么好"的感悟。

同时,在他和爱嘲笑人的同学相处时,他留意对方的优点,惊喜地发现,他们都有各自的长处值得他学习。他试着和他们交谈,赞扬他们身上的优点,最后竟然成为了好朋友。

当孩子遇到困难、挫折时,你要想让他顺利渡过,就要多说鼓励的话,恢复他的自信,即使他无法如愿完成这件事,也能重续他以后做事的信心。

要知道,对孩子来说,鼓励的话弥足珍贵。真爱孩子,你就要懂得多鼓励他,帮助他找到他身上的可贵之处。说不定他会因为你的一句肯定而变得更加有自信,会因为你的一句鼓励而改变他的一生。

谢谢你,为我拍照片
——跟孩子说话要和颜悦色

你在和孩子说话时,态度一定要温和,和颜悦色地与他交谈,这样孩子才愿意告诉你他内心的想法,沟通才能顺利进行。

我去美国朋友家做客,在客厅说话时,她丈夫带着五岁的女儿从外面回来,女儿兴奋地告诉她:"妈妈,外面的花开得好漂亮,我让爸爸拍了照片给你看。"

她抱过女儿,亲亲她的小脸蛋,说:"谢谢宝贝,能让妈妈看到漂亮的照片。"然后又看着丈夫说,"谢谢你为我拍照片。"

丈夫笑着说:"不客气,等照片出来后我让女儿给你。"

女儿看着爸爸,学妈妈的口吻:"谢谢爸爸,让我送妈妈照片。"

由此可见,多与孩子和颜悦色地说话,不但会温暖他的心,还会让他不由自主地用这种说话方式与人沟通,会让他获得更多人的喜爱。

"要是父母对待自己的孩子像对待别人的孩子那样,就会教出懂事的孩子来。"在一次教育座谈会上,一位专家感叹道,并讲起他小时候的经历。

小时候,他和姐姐、弟弟非常怕父亲,父亲脾气暴躁,对他们管教很严,在他面前,他们不敢大声说话,就连读课文也不敢念出声来。因为父亲的严厉,他们姐弟几个上一年级时就学会了心读。

那时候,弟弟常对他说:"哥哥,将来考大学时,我要考离家很远的学校。"弟弟的话,说出了他和姐姐的心声。

那时,他好羡慕同学的爸爸,他们待人热情,说话温和,让人感到非常舒服。

参加工作后回家探亲,他去小学同学家里玩,同学竟羡慕地对他说:"你真幸运,有那么慈祥、好脾气的爸爸。把你们三个孩子培养得都这么有出息。"

他吃惊不小,不相信地问道:"你说我爸爸性格好?"

同学说:"是呀,我们班上的同学都这么说,每次去你家,你爸对我们特好,在外面碰到我们,说话也很客气。生在你们家,真是太幸福了。哪像我爸爸,老骂我!"

他没有说话,又想起姐姐小时候说的一句话:"要是让我选择父母,我就是不出生,也不选择咱爸爸当爸。"

他说:"我非常理解姐姐的心情,那时在学校里,我几乎不敢大声说话。老师和同学还善意地笑我'比女孩还胆小'呢。"

可能是父亲给他们造成了童年阴影,他们姐弟参加工作后也不爱回家,直到他们都做了父母,才体会到严厉的父亲,内心也是爱他们的,只不过表达的形式不一样。

他总结说:"这几年我一直在想,父亲要是对我们温和一些,我们的童年会多么快乐啊。"

很多父母会区别对待自己的孩子和别人的孩子,对别人的孩子和颜悦色,对自己的孩子反而异常严厉。父母觉得,对孩子严厉才是爱孩子,却忘了一点,太过严厉会让孩子看不到你对他的爱。

换个角度想想,自己对别人的孩子都那么有耐心,为什么不能这样对待自己的孩子呢?

我有个朋友,在某电视台主持少儿节目。她的"观众缘"特别好,不仅孩子喜欢,大人也喜欢,不仅国内观众喜欢,连国外的也喜欢。有观众称她是"脾气最好"的主持人。

她几乎天天收到孩子精美的礼物和问候的电话。逢年过节，她更是"收获多多"。有的小观众还让父母带领着，不远千里来电视台看望她。

和她一起主持少儿节目的同事，有的比她主持的时间还长，都没有她这样"火"。说到原因，有人说是她年轻漂亮，有人说是她懂得"表演"。

我看过不少她主持的节目，记忆深刻的是，她每次和小孩交流时，总要蹲下身子，这样比孩子还低，看孩子时还要仰视。

而最令人难忘的是她说话的声音，嗓音甜美，和风细雨，即使表演节目的孩子因为怯场而闹腾时，她仍然温柔地说："姐姐相信你一会儿就不紧张了，来，让姐姐拉住你的手。"

她脸上始终带着笑容，极富亲和力，在她的感染下，有的孩子会停止吵闹，有的孩子会乖乖地拉住她的手。

"孩子和大人一样，需要爱和尊重。为了避免孩子面对大人会紧张，我就喜欢蹲下身子。"她对我说，"我担心大声说话吓到孩子，每天都要对着镜子练习说话的语气、音调。"

◇◇◆◇◇◆◇◇◆◇◇

我有个亲戚，是做记者的，快40岁了，依然坚持独身。她多次和我谈，有时也想结婚，就是害怕养不好孩子，怕孩子恨她，跟小时候的她一样。

原来，她小时候，因为母亲性格暴躁，情绪不稳定，经常无缘无故地骂她。多次拿别人和她比较，有时会罗列出她的一堆缺点。

她上小学时，母亲心血来潮，对她说："你这次要是能像你同桌那样，期末考试拿张数学第一的奖状回来，我就给你买条新裙子。"

为了得到新裙子，她用功学习，期末果然拿回了奖状，不是一个，是两个，语文也得了第一。母亲却不想给她买了，又担心她闹，只好买。买后又觉得亏，一有时间就开始骂她。

她说，那时候她觉得自己真倒霉，投生到这样的人家。上大学之前，她几乎没有交过一个朋友，甚至于连至近的亲戚也不联系，就是害怕与人交往时提到自己的家庭。

参加工作后，一次偶然机会，她去同事家，看到她们母女那么亲热地说话时，她特别吃惊。真的没想到，母女之间，居然还能这么亲密。

她说："我以前只在书上、电视上看过这种场景，以为是在作秀。没想到现实生活中真的有。而我的妈妈，从来没有温和地或是小声地和我说过一句话。"

就因为母亲的原因，她不敢结婚，更不敢要孩子。

◇◇◆◇◇◆◇◇◆◇◇

在孩子眼里，父母的一个微笑、一句轻柔的话，都是亲子关系的润滑剂。所以，你要尝试着做孩子温和可亲的"引路人"，只有当他处在和颜悦色的环境中时，才会养成表达内心感受的习惯。也只有在这时候，你才能与他进行有效的沟通。

不是侥幸，还是你平时的用功
——发现孩子的长处，及时表扬

每个孩子都有他的长处，你要有一双善于发现的眼睛，发现孩子的长处，并进行表扬和鼓励，让孩子将长处转化为优势。

小松放学回家，书包也顾不上放，就跑到我房间，大声炫耀："妈妈，我语文考了全班最高分，作文只扣了5分！"

我听后也替他高兴，小松的语文一直不怎么好，原因是他过于贪玩，不愿意写生字。刚上学时，丈夫和我轮流检查他写生字。

我家书多，他没事时就看故事书，看完后，几乎能把整本书的故事情节复述下来，有时还能背下大段精彩的句子。对于他的这个长处，我常表扬他："你记忆力这么好，要是再动动笔就更好了。"

每次他口上答应，但是很少动笔来写。

小松"第一"的兴奋劲过去后，有点担忧地问我："妈妈，我真怕下次考试就考不了这么好了，这次是侥幸帮了我，蒙对了作文。"

见我不解，他又说："我平时看课外书时，除了记住好看的故事，还会把里面精彩的句子抄下来。没想到考试时倒用上了。"

小松这句话提醒了我，我说："养兵千日，用兵一时。你这次考得好，不是侥幸，还是因为你平时用功，沾了记忆力好的光了。"

看他听得很认真，我说："要不想让成绩下滑很容易，就是充分利用你的记忆力，多读多背多记多写。"

他想了想，说："妈妈，那以后你来监督我吧。"

对于孩子，你应该多看他身上的闪光点，及时地鼓励他，在表扬和鼓励中长大的孩子会格外有自信，也容易越做越好。

◇◇◆◇◇◆◇◇◆◇◇

他是复旦大学的高考状元,不但学习成绩好,手工、绘画、雕刻等特长也非常突出。他的绘画和雕塑作品在全国频频获奖,人称"奇才"。

前几年,我和他谈话时,他的第一句话就是:"上高中以前,我是出了名的搞破坏的孩子,连爸爸也说我将来不会有出息。"

他和哥哥是双胞胎,哥哥聪明懂事,邻居、亲戚、朋友都很喜欢哥哥;而他呢,因为爱把新买的东西都给拆散或毁掉,大家都说这孩子太淘气,不如哥哥乖巧。

除了破坏,他还爱撒谎,而且谎撒得像真的一样。

每天放学后,哥哥在一旁写作业,他在家里玩射击游戏,把桌子、椅子当作打靶目标。等父母下班回家后,他就说是哥哥干的,还编一堆的理由。

他说:"可能是我的谎话说得太真实了,每次爸妈听后,起初还真有点怀疑哥哥。要不是哥哥平时表现得太好,有好几次爸妈差点真相信了。"

那时候他哥哥去哪位亲戚家串门都很受欢迎,他去就被拒之门外,有的亲戚干脆对他说:"你别来我家了。"

有一次,他和哥哥过生日,爸爸买了生日蛋糕,看着做工精美的蛋糕,他想看看里面是什么,就用手划开蛋糕,一点点地看。等家人发现时,好端端的蛋糕已经变得乱七八糟了。

那天,要不是妈妈拦着,爸爸非要把他揍一顿。

还有一次,他学妈妈蒸发面包子,不懂得把面发酵,和好面后就包了四个来蒸。他想,这样正好一家人一人吃一个。可是,蒸了半天包子也没蒸熟。

没想到,他妈妈看到后,不但没有批评他,还夸奖他知道帮大人分忧了。

他说:"那时我整个一'万人嫌',只有妈妈对我好。她说我这么做是因为好奇心,有创造的欲望。为了分散我的'破坏力',她鼓励我动手制作一些小手工,用废纸盒剪出各种图形。"

在妈妈的引导下,他逐渐把这种"兴趣"转到动手上,没想到他设计的一个小吉祥物还得了奖。后来他又迷上了绘画、雕刻等。

离中考两个月时,他听妈妈说市重点高中的特长课多,就狠学两个月考上了这所高中。

上高中后,妈妈不像以前那样和他一起动手制作了,而是在一旁看着他根据自己的创意设计、绘画或是雕刻各种小动物,一有进步就加以肯定。

"没有妈妈,我哪里知道自己的'短处'会是特长呢!"他感叹道。

你对孩子的表扬,能帮助他建立积极向上的自尊心、自信心,构建他健康的心理素质和人生态度,同时还能充分激发他的潜能。反之,则会摧毁孩子的自信,让他对做别的事情也没有了兴趣。

我教学的时候,班上有个男生,各科成绩都不错,音乐、体育也很棒,可就是自卑。我让他参加什么比赛,他都会说:"老师,您找别人吧,我怕得不了奖。"

我鼓励他说:"谁规定了参加比赛就要得奖?参加比赛,重在参与,首先要抱着学习的态度,获得更多的锻炼,拿奖只是对自己当初选择的一个肯定,能力哪能用奖项来衡量?"

无论我怎么说,他就是不答应,实在推辞不过时,就说考虑考虑,第二天给我回复。结果是,隔了一夜后就彻底变卦了。

对此,我很疑惑,不明白他为什么要埋没自己,错过一次次机会。直到一件事改变了我对他的看法。

他的文笔很好,我常把他的作文当作范文念给学生听。后来我让他代表全班参加学校举办的作文大赛,因为题目是事先规定好的,可以带回家来写,半月后交稿。

可他还是推,我决定找他妈妈谈谈。他妈妈的一席话,让我找到了他没有主见的原因。

他妈妈说:"他从小就怕这怕那的,这点像我。平时我就说他,你现在学得不错,比你好的有的是,要想让自己不受打击,就别参加那些比赛什么的,省得做不好人家笑你……"

是他妈妈没有发现他身上的长处,只看到他的"缺点",并且加以扩大后,在他面前天天说他,让他感觉到,自己的长处原来是致命的缺点。

几年后,他高考填志愿时还给我打来电话,问我哪些专业比较适合他。我一时真的不知道该说些什么了。

几年前,我有个亲戚,女儿八岁时就帮她煮米饭,还拌了一盘凉菜,学她那样把红萝卜洗净切成丝,放上佐料拌好。虽然做得不错,但她却把女儿训一顿,不许她以后再干这些。

我问她为什么打击孩子。你猜她怎么说:"多危险呀,今天她帮我做简单的饭菜,没准哪天给我炒菜呢。那煤气可不是闹着玩的。我第一次用时,丈夫还在一旁保护我呢。"

我说:"孩子独立性强,是件好事,你平时可以教她一些做饭的常识嘛。"

"不行不行,万一出了事,我后悔可就来不及了。"她说道,"以前我在厨房时,她跟在我身后,问这问那的。现在我一做饭,就把厨房的门反锁上。"

现在她女儿上高中了,连衣服也没洗过,平时吃饭时,坐饭桌前,她忘了给女儿盛饭,女儿就不会自己主动去盛。

"眼看她要上大学了,要是在外地上,你说她能自己照顾自己吗?"她担心地问我。我无言以对。

第三章 给孩子说的话要包上蜜——把话说得让孩子想听、爱听

家长有时候的"打击"其实都是在"保护"孩子，殊不知这样的过度保护，会让孩子失去尝试的激情，更严重的是逐渐失去独立自理的能力。家长应该在孩子有尝试兴趣的时候，多表扬他，并从旁指导和提醒安全事项，这样才是真正意义上的保护。

◇◇◆◇◇◆◇◇◆◇◇

你要给孩子提供充分发展的自由空间，并且善于发现他身上的闪光点，发掘他的爱好与特长，因材施教，扬长避短，让他把自己的长处发挥到极致。

因为孩子的心理和意志还很脆弱，他最渴望得到来自父母的理解和支持。因此，你每一句表扬和激励的话语都将会成为他精神上的阳光，让他健康、快乐地成长。

这样啊,行,你自己决定吧
——建议而不要对孩子发号施令

孩子是平等的个体,你要平等地对待孩子。如果想要孩子听从你的意见,可以用建议的方式表达出来,而不是命令他服从。

我到一个亲戚家去,她家七岁的儿子对我说:"蒙姨,给我倒杯水去。"当时我很惊奇,并不是因为我是客人,他不该让我倒水,而是他说话的口气,完全是一副命令的口吻。

把水递给他,他连个表示也没有,喝一口又吐出来,埋怨我说:"你没给我放蜂蜜啊,一点味道没有。我妈给我倒水,都要放很多蜂蜜的。"

我正不知道说什么,他妈妈过来,他又命令妈妈:"我要喝甜水,你赶快给我化蜜水去。"

他妈转过身,命令看电视的丈夫:"去,快给儿子化蜜水去。"

她丈夫赶忙起身,接过杯子化水去了。她儿子大声说:"爸爸,我要你化甜一点。"

"你说甜的你爸当然会化甜的啦。"他妈妈哄他,转过身对我说,"我这儿子,像个小大人一样。"

我笑了笑,明白了她儿子为什么会支使我,其实就是受他父母的影响。在孩子成长的过程中,家庭是他待的时间最长的地方,家庭成员的言行举止,即使他不用刻意地学,也会不由自主地受一些影响。

我有个朋友,她说话的口气非常客气,几乎没有指责过人。

有一次，都快十一点了，她女儿仍然在上网。她用商量的口气说："今天是周六，明天不上学，明天再上网可以吗？"

她女儿不同意："我这个网友明天没时间，只有晚上有时间。"

她说："哦，这样啊，行，你自己决定吧。我就是觉得，晚上十一点前休息不但对身体好，也对皮肤好呢。"

她走后不一会，就看到女儿关了电脑，回房休息了。

有一次，她女儿笑着对我说："我妈这个人，特精，每次说话的口气像是把自主权都给了我，其实一细想她的话，还得顺着她的意思去做。"

我笑道："不明白你的意思。她既然给你自主权了，你就自己做主吧。"

"呵呵，可她的建议还是有道理的嘛，我能不选择依她吗！"她女儿说道。

◇◇◆◇◇◆◇◇◆◇◇

前几天，高中时的一个女同学打来电话，对我说，她儿子处在青春期，一说话就满嘴火药味。即使做正确的事情，只要是她说出来，他就拒绝。

"我看过你写的书，挺有道理的，可是运用在儿子身上就不灵了。"她说，"等我有时间，就带着儿子去你家，让你亲自指教一下。"

今天我去她家附近一个地方办事，就顺路去了她家，正好她儿子也在家。我刚进门，她就命令儿子："快给蒙姨倒水去。"她儿子马上乖巧地端着一杯水过来。

我忍不住说："谢谢谢谢，这孩子，真有礼貌呀。"她儿子不好意思地笑笑。突然，她数落儿子："唉呀，怎么不晓得给蒙姨放点茶叶呀。这孩子，心粗着呢。"

见她儿子脸一红，我忙说："我不爱喝茶水。"

她说："不是你爱不爱喝的事，我是说他都这么大了，每次客人来，我要是不提醒，他准不放茶叶。为这事，我和他爸爸不知说他多少遍了。"

接着她又说儿子："我和你蒙姨在这里说说话，你去奶奶家，告诉你爸，说蒙姨来了，让他买点菜回来。"儿子转身离开，脸色很难看。

儿子走后，她说："现在我真体会到父母当年对我的唠叨了，这孩子呀，确实让人闹心，少说一句就不成。"

我问她："当年父母说你时，你是不是觉得很烦？"

"是呀，有时就不想回家，觉得他们哪来那么多话呀，为什么总是命令的口气。"

"既然知道父母那样说话让你不舒服，你为什么也用同样的话说儿子呢？这些话，完全可以换成商量的语气呀。"我说，"你也要考虑儿子的感受。"

她一愣，点头道："我……我真的从没有想过他的感受，只是觉得他没按我说的去做，就多说几遍让他记住。"

小松小时候很调皮，他爸爸总说他不听话，每次我下班回家，就向我说他的种种不是。我感到奇怪，因为小松跟着我时表现不错。

有一天晚上，我陪小松在客厅看动画。丈夫回来后，说球赛开始了，拿过摇控器就换台。小松不同意，丈夫训他："老看电视对眼睛不好，特别是小孩子，你还是回房间玩玩具去吧。"

"我想看电视。"小松坚持着。

"不是跟你说了电视对眼睛不好吗！"丈夫提高了音调，"你再不听话以后也别想再看了。"丈夫不管小松气得掉眼泪，就换了台。当着丈夫的面，我没说话，而是把小松哄回他的房间。

小松睡着后，丈夫的球赛也看完了，他还没忘记小松顶嘴的事，说："今天你也看到了，他这么小，就和我这个当爸的顶嘴，要是再大点，还不反了！"

我说："他和你顶嘴是不对，可我们也要为他想想，要是你看球赛看到精彩处时,他硬要你换台,你——"

"我是他爸,他得听我的。他敢让我换?"丈夫打断我,说道。

我说:"这不是谁听谁的事情。他现在小,说不过你;要是大了,他有了自己的主意和想法,觉得我们这么做有失公平,到时硬要对着干,我们怎么办?"

丈夫听后不说话了。

如何说话,也是家庭教育的一部分。正确的家庭语言,必须具备美好的情感,这样既能传递你对孩子的期望,又能促进他的身心健康成长。

对待孩子,你要把自己放在和他平等的地位上。跟孩子交流要多用建议的口气而不是命令,这样会培养他独立、自信的品质。

玩不就是指上网吗？
——幽默让你贴近孩子的心

幽默是亲子沟通的桥梁。当你感觉与孩子沟通遇到障碍时，可以适当幽默一下，缓解沟通中的冲突和尴尬。

有一次，我去一个朋友家，她的女儿要参加学校的演讲比赛。临近比赛前两天，她女儿突然紧张起来，对她说想退出。

她鼓励女儿："你就想自己是最棒的……"

女儿打断她说："我哪里是最棒的，参加比赛的还有高二高三的学生，听说他们还在地区演讲比赛中得过奖呢。"

她大声说："那有什么，那是因为你没有参加地区大赛，要是你参加了，轮不到他们。"

女儿说道："我听说台下有几百人参加，还有的同学父母也跟着去。我敢说，要是换作你，你会和我一样紧张。"

"换作我，你就有信心了。你要实在不想去就让你老妈上。不拿个倒数第一，也得拿个倒数第二。"说完，用她纯正的东北家乡话，模仿宋丹丹朗诵了一段徐志摩的《再别康桥》。

我和她女儿都笑起来。她女儿指着她笑道："妈，停——停。"

后来我得知，她女儿在那次演讲中发挥得不错，得了二等奖。

以前有个同事，一提到她儿子就说："都说男孩和妈近，可我的儿子却亲他爸爸。有时还和他爸联合起来对付我。"

有一次，她进门看到儿子在上网，就发火，说道："我不是说了你今天不能上网吗？"

儿子连忙说:"我爸答应的。"

她更来气了,对丈夫说:"难怪儿子喜欢你,你老是和我对着干,我说不让他上网你偏让他上。上吧,明天别上学了,就在家里上网吧。"

她丈夫忙说:"儿子,我没答应你上网啊,你这不是栽赃陷害老爸嘛。"

儿子说:"你亲口答应的,你说我写完作业想玩就玩,但别让我妈看到。"

她气乎乎地说:"你老是背着我在儿子面前做好人,合着你是支持他上网啊。他明年就中考了,你不急我也不急。"

她丈夫大喊:"冤枉呀,我再次声明,儿子的话有水分,我只说让他玩,可没让他上网。"

"玩不就是指上网吗?"儿子说。

她丈夫认真地说:"哦,是儿子理解有误。他上网不是不听你的话,也不是我纵容,是我们爷俩理解有分歧。看在我俩智商没你高的份上,就饶他这一次吧。"

同事瞪他一眼:"你就这样纵容他吧,他这学期成绩稳定,还不是我管得严。"

"是,是你有功劳,以后还得你来管。"他向儿子使个眼色,"你这次是第几次因为智商问题,造成惹妈妈生气的后果了?向妈妈如实招来,再诚挚地道歉。"

儿子偷偷地冲他竖起大拇指,然后对他妈说:"妈,虽然我记不清是第几次错误理解上网的定义了,但我此时绝对是真诚地给你道个歉。对不起,高智商妈妈。"

她笑起来:"你们俩就这么欺负我吧。"

看,这位父亲用幽默的话,把原本火药味十足的事情摆平了。

在与孩子沟通时,幽默是最有效的手段。世界上有人拒绝痛苦、忧伤,但绝没有人拒绝笑声。教育孩子时,如果你能经常从琐细的事中想到"寓教于乐"的理念,那么再顽皮、固执的孩子也会有所转变的。

上大学时,班上有个女同学,说话特幽默,人缘很好。她说幽默是母亲熏陶的,又说:"别看我妈没文化,说出的话带着明夸暗寓,能让人在不伤自尊的情况下发现自己的错误。"

有一次,她和妈妈去商场买东西。人很多,一个穿着时尚的女孩,把一位老奶奶撞倒在地上,连声"对不起"也不说,继续往前走。

她和妈妈把老奶奶扶起来。有人说了一句:"就这素质,穿再花哨也是花瓶。"那女孩转过身,圆眼怒瞪,因为不知道是谁说的,就把火发到扶老奶奶的她和妈妈身上。

女孩看着她们,大声地问:"刚才谁骂我了?有本事再骂一句试试。"

她妈妈笑着说:"呵呵,你听错了,我没骂你。就说了一句话,幸亏你没撞到我身上,就我这五大三粗的身材,能把你这苗条漂亮的小美女给撞哭的。"

周围的人连同那女孩都笑了,她妈妈故意叹口气,说:"你看这运气也好色,看你漂亮就跟着你,咱这位老奶奶被你碰后,竟然安然无恙。"

女孩仿佛意识到什么,不好意思地问老奶奶:"奶奶,要不我送你去医院看看吧。"

老奶奶忙说:"不必了,不必了。"

这位母亲紧急时刻用一句"贬低"自己的幽默话,不但让女孩在轻轻一笑间认识到自己的错误,同时把这幽默的说话方式潜移默化地教给女儿,让她在与人相处时也能做个讨人喜欢的开心果。

小语小时候,话特别多,每次我们给她讲故事时,她总是打破砂锅

问到底。听到她爸爸讲灰姑娘的故事,就问:"爸爸,你为什么不娶灰姑娘?"

丈夫说:"我不是王子。"

她又问:"你为什么不是王子?"

我在一旁说:"因为妈妈不是灰姑娘。"怕她再问,又说,"灰姑娘有个后妈,而妈妈只有一个亲爸爸。"她郑重地点点头。

有一次,我买回两套公主裙子,一套是小语的,一套是送给朋友女儿的。小语看到后不高兴了,她说:"妈妈,只有一个王子,不许有两个公主。"

我笑着对她说:"你是我家的公主,她是别人家的公主。王子嘛,外国也有。"

小语睁大眼睛,好像明白了什么,拍手笑了:"那让她到外国找王子去。"

没有幽默感的家庭就像旅馆。你在家庭中多使用幽默语言,很容易就能营造出一个和谐欢乐的家庭氛围,还可以让孩子在笑声中健康地成长。

◇◇◆◇◇◆◇◇◆◇◇

我小时候,每次犯了错误,父亲总是笑呵呵地说:"不知道你对此次犯错有何感想?"

当我承认错误时,他就指出错误的严重性在哪里,避免以后重犯;当我想办法狡辩时,他就让我写不想承认错误的原因,至少两页,然后再丢下一句话:"写完后要是再犯,要翻倍来写。我要是制不服你,我就让你改姓。"

见我惊愕地看他,他说:"看什么看,到时我坚决地让你姓我爸爸的姓。"

当我做对了事情,他会严肃地对我说:"今天,宣布一件大事。"然后更严厉地看着我,说一句,"恭喜你,又做对了一件事情。"

在父亲给我提供的这种宽松的环境中,我没有像有的女生那样,在青春期与父母对着干。每当我遇到什么解决不了的问题,总是先和父亲商量。

幽默是亲子沟通的桥梁。在现实生活中,很多父母都认为与孩子沟通是一件非常困难的事。其实只要你转换一下思维,把爱融入幽默的语言中,会起到很好的沟通效果。

可以说,幽默感是一种行之有效、不可忽视的家庭沟通手段。在一个充满幽默感和欢笑的家庭里成长,孩子会变得活泼、热情、开朗、乐观。

第四章

家长一定要会的亲子说服术
——用说服改变孩子的技巧

✦ 要是你懂一点英文，咱何必费那么多事
　　——让事实说话

　　孩子虽小，也有自己的想法，当你想要说服他改变主意时，可以将事实摆在他面前，让他自己说服自己。

　　朋友的女儿不喜欢英语，平时也不爱学。每当她女儿英语考得不好时，就狡辩："我是中国人，又不去外国，学英语干什么？"还列举很多不学英语的理由。

　　有一次，她从国外给女儿买回一件礼物，女儿很高兴。但用时却发现，说明书上全是英文，因为看不懂，也没法操作。女儿只得不好意思地求她想办法。

　　她托朋友帮忙翻译，然后把女儿叫到跟前，笑着说道："你看，咱们没有去外国，问题也来了。就这么一点小事，还要搭上朋友的时间。要是你懂一点英文，咱何必费那么多事。"

　　女儿叹口气说："唉，要是当初我好好学就好了。到时查着英语词典，也能认个大概。"

　　她说："你那么会学习，就是从今天开始好好学也不晚嘛。学好了，我下次再买回这样的礼物，像你说的，就是查着英语词典，也能自己对付了，你说是不是？"

　　和孩子辩论，多用事实说话，自然会令他心服口服。孩子纵然之前有诸多借口，对摆在眼前的事实也是会承认的。

　　亲戚听说儿子结交了社会上的一些朋友，十分生气，就对他说：

"你赶快和社会上那帮朋友绝交。要知道,交友不慎,有时会毁掉自己的前程。"

儿子不屑地说:"你讲得也太夸张了吧。照你这么说,社会上的人都别交朋友了。"

"关键是你现在是学生,就要和同学交往。咱们以前的邻居某某,上学时老和社会上的小青年来往,后来跟着他们打群架,被关进了少管所。"她说,"这事你也是知道的。"

"那是因为他偷别人的东西被人打了,他又召集那帮朋友打群架。"儿子争辩,"我这些朋友,是从网上认识的,他们人特别好,再说,人家都是有工作的人。"

"我不管你,反正你必须给我离开他们。"她气冲冲地说。

"凭什么呀。"儿子说,"你没见过他们,对他们也不了解,就乱下结论。"

"你到底和他们断不断?"她逼问道。儿子气得转身离开。

给孩子摆事实时,你举的事例要典型,有代表性,这样才有说服力。千万不能以偏概全,顾此失彼。因为这样的事例,本身就缺乏说服力。

同样是结交"校外朋友"的事情,我的朋友是这么与她儿子沟通的:

她拿来一份报纸,指着上面的新闻说:"新闻中的这个犯罪的男孩,原来是一个各方面都很优秀的学生,他走上这条路,是因为虚荣心。"

儿子拿过来匆匆浏览着,说道:"虚荣心导致犯罪的事例太多了。"

"我觉得他的虚荣心是被逼的。他家里穷,长得矮,老是被同学欺负,是校外一个男孩帮他,才让他摆脱了被欺负的处境。为了报答对方,也为了不再受欺负,他们成为朋友。"

说到这里,她停顿一下,观察儿子的反应,看到他听得入神,又说:"自从有了这帮社会上的朋友,同学们开始怕他。尝到甜头后,他却反过来欺负同学,这就不对了。"

"玩就玩吧,那怎么又犯罪了呢?"儿子问道。

"他们在一起玩,要上网,要吃饭,而这笔开销又大,怎么办?只有偷。"她说,"还比赛谁偷得多,谁偷得多就是英雄。这叫物以类聚,就是人们常说的跟着什么人学什么人。"

儿子不说话了。她又说:"我们可以这么想像一下,要是他起初被人欺负时,能告诉老师,或是有品行好的同学帮他,他们的解决方法绝不是这样,他也不会沦落到进少管所的地步。"

这次谈话完没几天,她发现儿子不再像以前那样和校外那帮朋友频繁联系了。

说服孩子,要对症下药,用具有说服力的实例,让事实说话。听他谈自己的看法,当你明确问题的症结所在时,再去引导说服,让他自己说服自己。

◇◇◆◇◇◆◇◇◆◇◇

对待任何事情,孩子都有自己的思维成见。你要改变他的立场,不能直接否定,而是要考虑到他的心理承受能力,多举典型的实例,争取用事实说话,让他自己主动认错。

事实不仅是"胜于雄辩"的东西,还是一种讲话策略。当你掌握大量确凿的证据,再运用巧妙的说话方式,孩子不服气都难。

我妈的口才比我好，句句说到心坎里
——反复强调最主要、最关键的理由

说服时，最重要的是理由，你要提出强有力的理由。同时，可以进行多次强调，让孩子心服口服。

我有个表哥是某电视台的主持。他小时候口才就特别好，上中学时"说"遍全校无敌手，就连老师背地里都说他："太能说了。"

然而，他最服的人却是他的母亲。按他的话就是："我妈的口才比我好，句句说到心坎里。"他母亲不识字，平时话也不太多，但说出的话非常有份量。

记得有一次，他母亲出门时一再叮嘱他，中午时把她事先做好的午饭，端给瘫在床上的奶奶吃。可他因为和同学玩，下午才回家，看到母亲正伺候奶奶吃饭，知道自己犯错了。

他先发制人，撒谎道："今天同学让我给他讲数学题，中午时我想回来给奶奶端饭，可他还想让我帮助他温习英语。我想起你常教导我，要多帮助同学，就没有拒绝。"

母亲拉他到一边，说："你帮助同学，做得非常对。你因为帮助同学而忘了我交待的事情，说明你做事专注，这种精神值得表扬。"他听后，心中暗喜。

这时母亲点明主题："我得问问你，你觉得用奶奶的饿肚子来换取你做这些事，是不是有点不太妥当？做好事本身是悦人悦己，要是建立在亲人的痛苦之上去做，你认为这还叫好事吗？"

他低下头。母亲又温和地说："同学要是知道你家里有等你照顾的奶奶，却执意还让你帮他，他是不是没有人情味？这帮忙你认为值吗？"在母亲的问话中，他承认了错误。

教育孩子，要以理服人，反复强调你反对他的话，多强调最关键的话。同时，你使用的语调不必太激烈，好让他在你和风细雨的话中，反思他自己的错误行为。

有一次，我去同事家，他13岁的女儿对我说，她平时最"怕"妈妈，但同时也和妈妈交流最多。我很奇怪，她又说："妈妈话虽然少，但妈妈的话听起来顺耳，每次她让我干什么，说得很委婉，又让人无法拒绝啊。"

我和她正聊天时，她妈妈过来，笑着对她说："我猜你的作业已经写完了？要不怎么会和蒙阿姨聊得这么开心。"

她问："我的事情和蒙阿姨有什么关系？"

"你蒙阿姨最喜欢和独立做事的人聊天。"她妈妈笑道，"这独立的人就是指，不用别人催，就能把自己的事情完成得很好。"

她妈妈说完这话就离开了。她惊奇地看着我，问道："蒙阿姨，我妈说得对吗？"

我笑着反问她："那你的作业写完了吗？"

她不好意思地吐下舌头，说："还没有呢，就一点点了。蒙阿姨，我这就去写，你等我，一会儿咱们再聊。"

我劝她："不要着急，万一写错了还得重写。"

她笑道："放心，我会保质保量地完成，要不对不起我妈的信任啊。"

说服孩子，话少不如话好，而话好就是用最少的语言，巧妙地指出孩子存在的毛病，把关键的、有用的话说出来，让他在不伤自尊的情况下轻松地接受。

说服孩子的前提是，你的理由要非常具有说服力，同时要反复强调最关键的理由，这样他就不会认为你的话是假话、空话、套话、大话，他才能心服口服。

和孩子讲话，非常讲究说话技巧，即使你说得在理，也要在尊重他的前提下来说。其次还要注意说话的语气、语调，声音的高低也要处理好，最忌讳用命令、唠叨的口吻说。

女孩睡觉多，皮肤会更好
——利用孩子感兴趣的事物来说服

每个孩子都有自己的兴趣爱好，在说服时，谈及孩子感兴趣的人或事，能增加孩子的倾听兴趣，也更具有说服力。

朋友在给女儿布置房间时，特意在床头、柜头、桌子上，摆放了女儿最喜欢的照片，在客厅也摆放着她和女儿的合照。朋友给我说："别小看这些照片，它们是让我和女儿顺畅沟通的道具。"

当她和女儿谈话因某件事或是某个话题出现分歧，在女儿满脸怒气，拒绝再和她说话时，她就会拿起桌子上的照片，笑着说道："这是你去年照的吧？笑得这么开心。"

女儿忍不住向她讲起照这张相的心情，她在一旁随声附和。等女儿完全沉浸在对往事快乐的回忆中时，谈话气氛就轻松多了。她趁机重提刚才的话题，女儿的态度好了很多。

有一天晚上，女儿在客厅看电视，都快11点了，仍然没有离开的意思。她就走过去说："明天还上学呢，早点休息吧。"

看到女儿表现出不耐烦的样子，她就把眼睛移到与女儿合影的照片上，随口说一句："呵呵，记得你刚上小学时，特别听话，我一说别看电视了，你就立刻跑回自己房间。你知道你的理由是什么吗？"

女儿回答："小孩子要保证足够的睡眠。"

"你记性真好。我还记得你有时候也会说，女孩睡觉多，皮肤会更好。"

过了一会，女儿悄悄地回了自己房间。

适时地谈论孩子感兴趣的话题，一方面让他把不满的情绪转移；另一方面，因为你与他谈论了感兴趣的话题，会让他觉得，你和他有共同语言，这时他就不忍心再拒绝你。

有位朋友对我说,他小时候特别调皮,上课爱讲话,爱与同学吵架。老师给他母亲打电话,说他缺点太多了,简直是一无是处。

先不说孩子身上到底真有多少缺点,就说老师这样的评价,足以让一位母亲心酸。他是在长大后,与妈妈无意中谈话时才知道的。当时的感觉就是,妈妈真是自己最好的老师。

母亲在接到老师电话的当天晚上,找他谈话,说的第一句话是:"老师说让我管管你。"

他自知自己在学校的表现,听到母亲提老师,心里就紧张了:"他说我什么了?"

母亲笑道:"说你性格太活泼,口才很好,每天有说不完的话,有时在课堂上也讲,还喜欢与同学打成一片,能说会道,爱和同学交流。这些都是优点,但要是运用不好,就成了缺点。"

他问:"那我怎么做,才能让这优点成不了缺点呢?"

"很简单,就是改掉上课讲话的毛病。和同学玩时,也要以高兴为主。"她说,"你在清华大学读书的表哥,小时候和你一样爱在课堂上讲话,后来在你舅妈的帮助下,就改掉了。"

听说自己最崇拜的表哥也有这样的毛病,他信心十足地说:"我也能改掉。"

纠正孩子的错误时,最好把他喜欢或是推崇的人讲出来,告诉他,他们也犯过同样的错误,这样更容易让他认识到自己的错误,也更愿意改掉。

朋友的女儿比较听话,平时听到的表扬声很多。这让她养成了一个不好的习惯,就是自尊心特别强,性格也比较固执,总是觉得自己是对

的，即使犯错误，也不会轻易认错。

有一次，她因为字写得不好，在学校被老师批评了，回家后就哭，说老师对她有成见，才挑剔她的字不好。朋友了解她，有时着急了，字就写得潦草。但又怕说真话让她难堪。

她想了想，就说："把你的作业本拿出来，让我和你爸爸看看。"

女儿就拿出了自认为最好的作业。她看后笑着说："你没有说真话，如果这样的字，你们老师还批评你的话，别说你不同意，我就得去找你们老师说去。"又回头看丈夫，问他，"你说是不是？"

丈夫附和道："是呀。我支持你妈妈的做法，必须去学校找老师帮你讨说法去。"

女儿只得把写得不好的字拿出来。朋友拿到丈夫面前，说："确实没有刚才的好看。"又说女儿，"这真是你写的吗，没有拿错吧？这字，和你刚才的一比，真是天壤之别呀。"

女儿只得承认，因为当时想和同学玩，才写成这样。

"我以后会写好的。"女儿说道。

利用他人的支持来说服孩子时，你要懂得褒贬的分寸，针对孩子的性格，把指责的话说到位的同时，还要说得好听一些，即使是贬他的话，也要让他心里暖暖的。

和成人一样，孩子心中都有兴趣取向。当你利用他感兴趣的人或事和他说话时，他会觉得你很在意他，并且愿意与你把话题进行下去。有了他的配合，你与他的交流才能有效果。这样会让他很快明白自己的优点或缺点，更乐意接受并且改正。这比你给他讲大道理要实用得多。

我要穿小亮那样的衣服
——与孩子讨论分析，由他自己选择

孩子的认知水平有限，你可以与孩子一起讨论分析，将自己对事物的判断告诉孩子，由孩子自己做选择。

前几年采访一位文科状元的妈妈。在讲到对孩子的教育时，她说没怎么管过他，就是从小让他学着独立，让他自己做主来做一些事情，他们做父母的，就在一旁加以引导。

有一次，他要参加幼儿园组织的"歌舞表演"。奶奶问他："你想穿什么样的衣服？自己选择吧。"

没想到他说："我要穿小亮那样的衣服。"

小亮是他同学，他要的这衣服家里也根本没有。怕他闹，她就接过奶奶的话题，耐心地告诉他："要穿小亮那样的衣服，得等到明天去买，而你今天就要去比赛了。"

看到他失望的样子，她就拿出两种颜色的衣服，问他："你想穿这件蓝色的外衣，还是这件黄色的外衣？"结果孩子高兴地选择了自己喜欢的黄色外衣，很快就忘掉了刚才的不开心。

她总结说，孩子小时，头脑里对"选择"的概念比较模糊，没有安全、危险的概念。所以要事先用话来提示，比如我们带他过街，会事先问他：

"你是想拉我的手，还是爸爸的手？"这样他会凭借自己的喜好做正确的选择。

在给孩子做决定的机会时，你一定要成为正确的引导者。只有让他学会如何做决定，才能培养他自己做主的能力、具有较强的判断力和选择能力。

小语小时候，有一次，我带她到楼下玩，考虑到她最喜欢玩跷跷板、滑梯的游戏，就建议她换好长裤。可她就是不同意，还争辩说："你说过让我自己做主的。"

我没有再说什么，只好同意了。

在玩的过程中，小语一不小心把腿部弄破了，我没有责怪她，而是边帮她擦拭边问她："要是下次咱们再来玩滑梯，你觉得怎么做，才能保护好自己？"

小语大声回答："不能穿裙子，要穿长裤。"

当你把选择权交给孩子时，要让他知道，不一定要十全十美，只要尽力做就可以。同时要让他知道做决定的后果。随着不断学习和经验的积累，他做决定的能力、技巧会逐渐提高。

我有个朋友，是某大学的教授，他儿子17岁就考入北京大学。在谈到对儿子的教育时，他说："就是六个字——他自己做决定。"

儿子上中学后，几乎所有的事情，都是让他自己做出决定的。不过，在他做决定之前，他会与孩子共同讨论、分析。

他儿子上小学二年级时，学校离家只有五分钟的路程。起初他和妻子每天轮流送儿子上学。有一天，儿子问他："我上学是不是非得让你和妈妈送？"

他笑道："你有更好的想法，可以讲出来。"

"说是你们送我，可我觉得没自由。"儿子说，"那么早就让我去学校。"

"太晚了，我和你妈上班会迟到的。"他解释道。

"能不能不送我，让我自己去上？"儿子提出自己的要求。

"这个，我们得问问你妈妈，经过大家的讨论、分析后再做决定。

当然，最终的决策权掌握在你手里。"他说。

家庭会议上，儿子做出了自己上学、放学的决定。奇怪的是，儿子上学从来没迟到过，每天一放学就回家，作业总是按时完成，比以前他们接送他时做得还好。

之后儿子做什么事情，他总是鼓励儿子："你做决策一向很明智，还是你来决定吧。"在他们的鼓励、激励下，儿子每天都在进步。

让孩子自己做决定，不但能激励他做事的信心，还会调动他的积极性。因为是自己决定的事情，他会力求达到自己的期望值。同时这还能让他养成对自己、对事情负责任的好习惯。

◇◇◆◇◇◆◇◇◆◇◇

孩子做事前，你不要事先作出假设或者限制。孩子的成长过程是不断发展变化的，只有让他自己做决定，他做事情才是发自内心的。

孩子在第一次做事时，也许会感到茫然无措。但在他进行各种尝试后，就能适应并融入社会当中。而在做事情的过程中，他还会提高了解自己、认识自己、发展自己的能力。

✦ 对不起，妈妈下次不会再这么对待你了
——站在孩子的立场说话

想让孩子听你说话，你要先放低姿态，听听孩子怎么说。当孩子感觉到你的尊重和关心后，也会更愿意向你诉说。

有位从事心理学研究的朋友说："教育孩子，其实是最简单的事情。当他和你对着干时，你只要想想自己小时候，就不会生孩子的气了。"又提到发生在她儿子身上的一件事。

儿子上小学时，话特别多，每次接他回家，总有说不完的话。碰到她心情好，就耐心地听，儿子特别高兴，这时她向儿子提什么要求，甚至指出他的缺点，他也不生气。

有一天，她接儿子前，与丈夫因事争吵过，心里特别烦。可是儿子不知道，还像以前那样，向她讲着在班里与同学闹别扭的事，正一肚子气的她有一搭没一搭地敷衍着。

儿子仿佛看出她是在应付自己，声音渐渐地小了下去。在家楼下，他突然说："妈妈，老师让我们复印几份数学试卷。"

她一下子就来火了，大声说："你成天在想什么？你学校附近就有复印的地方，早不说，到家了才说。知不知道，我每天工作，接你，做家务，事情那么多……"

儿子眼圈红了，小声说："妈妈，刚才我只想着和你说话，就忘了。"又说，"我知道你事情多，可我们小孩子，也有很多自己的事情。那我自己去复印吧。"

儿子的话，让她一下子就"醒"了。她立刻对儿子说："对不起，妈妈下次不会再这么对待你了。"

听了她的话，儿子笑了，说道："妈妈，我知道你很辛苦。"

她总结说："事后我又想到自己小时候，虽然不像大人那样干活，

但也有许多杂事情要做,并不比大人的少,有时也会心烦。"

孩子的内心深处,都有自己的小世界,它盛纳着孩子的喜怒哀乐。你爱他,就要和他一起,维护好他那个小世界。要知道,心灵的关怀,远胜于任何物质上的补偿。

◇◇◆◇◇◆◇◇◆◇◇

和一位网友聊天时,他说自己从小学到大学,父母几乎从没在学习上管过他,也从不提什么要求。他自豪地说:"学生时代的我,享受到的'精神'自由,让同学羡慕。"

从他背上书包那天起,母亲就对他说:"你正是玩的年纪,不要强迫自己去学习,玩够了再学。学习时,也要快快乐乐地学习。"

在父母的影响下,他常常是玩够了才写作业。有一次,他把边玩边写的作业交给母亲看时,母亲笑着说:"一看你这字,我就猜出,你写字时心里还惦记着玩。"

因为当时小,他就惊奇地问:"你怎么知道的?"

母亲笑着说:"你看这些字,一个个像是在跳舞,而且这舞姿不优美。"

他再看字,果然不好看,又问:"怎么才能写好呢?"

母亲给他出主意:"让自己痛痛快快地玩好,等玩腻了,再安心地写作业。这时什么都不去想,就像你开心地玩一样,心里、眼里全是作业,这样写出来的字,要比这好得多。"

他听后,立刻照着母亲说的去做,发现写出来的字,真的比开始写的好多了。他说:"母亲就是用这样轻松简单的话,让我像爱上玩一样爱上了学习。"

想要让孩子听你的话,你首先要放低姿态,多听少说。需要你说话了,就要把话说到他心里去。只有这样,你才能打开他的心门,探究他的内心世界。

◇◇◆◇◇◆◇◇◆◇◇

有个亲戚无奈地对我说，女儿上高中后，与她的矛盾越来越深。她说："以前她特别喜欢和我说话，每次都是她说我听。直到现在，还保持这个习惯，但是她的话很少了。"

多年的教育实践和经验告诉我，孩子都喜欢倾听的妈妈。我还第一次听说，孩子不喜欢倾听的妈妈呢。直到我跟她女儿有过一次谈话后，才明白是怎么回事。

她女儿是这么说她的："我妈妈这个人，老把我当小孩看，每次我说什么，她都点头附和我。有时我真的想听她的分析，可是她就是不说话。"

而这个习惯是从她上小学时开始的。她说："我那时小，话多，看到妈妈耐心地听，心里特舒服，可我长大了，有很多事情拿不定主意，想让她帮忙时，她还是让我自己决定。"

因为和妈妈说话，得不到实际意义上的帮助，她心里开始排斥这种谈话。

这位妈妈就没有站在孩子的立场想问题，无法听到孩子话语的弦外之音，并适时地提出自己的看法，导致亲子沟通的失败，原本良好的亲子家教氛围也没有了。

◇◇◆◇◇◆◇◇◆◇◇

放低姿态，站在孩子的立场，耐心地倾听孩子的诉说，会让他体验到你对他的关爱之情，从而让他对你更加亲近、尊敬、信任，同时他会更乐于把自己的想法告诉你，这非常有利于你们的亲子沟通。

✹ 等我给你讲完这个故事，你就知道该怎么做了
——巧用故事传达意念

孩子都喜欢听故事，当你直接表达你的观点可能无效时，不妨给孩子讲个相关的故事，这样更能打动孩子。

有位朋友说，他小时候，有一次去同学家，看到同学的妈妈在夸同学。原来，同学嫌妈妈不给他买名牌旅游鞋，竟然偷爷爷家里的钱去买，他妈妈得知后，直夸他聪明，会想办法。

他把这事讲给母亲听，还说道："同学跟我说，要是下次再去爷爷家，还会偷钱的。"

母亲问他："那你认为他这么做聪明吗？"

"我同学说偷家里的钱不叫偷，那是他爷爷。"

"咱不说别人，我就问你，看看你对这件事的看法。"

那时他心里很羡慕同学用这种方法，轻易就满足了自己的愿望，可他又隐隐觉得这么做似乎不是太好，就低头不说话。

这时母亲说："前几天我看到一个新闻，说是有个小孩，7岁时，第一次偷苹果，他妈妈夸他机灵；10岁时又偷同桌的钢笔，妈妈夸他手快；长大后他开始偷钱、抢劫、杀人，最后被判了死刑。"

他认真地听着，母亲继续说："在执行死刑前，他气愤地对妈妈说：'你为什么要害我？当初我第一次偷时，要不是你夸我，我哪能有今天！'你知道他为什么会恨自己的妈妈吗？"

他立刻回答："是他妈妈让他犯的罪。这样的妈妈一点都不好。"

在用讲故事的方式对孩子进行思想教育时，你要选用一些比较真实的、有震撼力的、又有教育意义的故事，然后用提问的方式和孩子讨论对此事的看法，这样会让他理解得更透彻。

小语小时候，每次家里来了和她年纪差不多的小朋友，她就会犯抢"独食"的毛病。她的玩具、零食等，都不允许小朋友碰。我说了多次她也不改。

有一次，我们带她去亲戚家，路上她突然问我："妈妈，上次表弟来我们家，我什么都不给他玩，还和他打架，他这次还欢迎我去他家吗？"

我笑着说："咱不想这些，等我给你讲完这个故事，你就知道该怎么做了。"

她高兴地说："那你快讲吧。"

"有人把一只急性小猫和一只慢性小猫，分别放在一间只有一面镜子的房间，过了一会打开房间，性情温和的小猫精神很好，还和镜子里的'小伙伴'相处得很融洽。"

"那另一只呢？"她着急地问。

"另一只则对着镜子的'伙伴'打成一团，它对着镜子乱抓乱咬，并因此而累得气喘吁吁，打开门时，连出门的力气都没有了。"我说，又问她，"你知道它们为什么会有不同的表现吗？"

小语说："急性子的小猫很笨，不知道镜子中的是它自己。"

我点点头说："你说得有道理。我是这么认为的，与小朋友交往像照镜子，你付出热情、友善，对方会给你热情、友善；你冷漠、霸道，对方同样是冷漠、霸道。"

小语低声说："妈妈，我知道该怎么做了。"

用故事教育孩子要与人为善时，你要把故事讲得生动易懂，让他听后能立刻明白，用故事向他传递你想教给他的道理。

丈夫个性很强，上学时成绩一直是全班第一。有一次，他生病住院，为了不影响学业，依然带病学习，不但强迫自己写作业，还坚持像以前那样做很多课外题。

为了让他安心养病，老师、同学苦口婆心地劝他，可他就是不听。婆婆没有劝他，而是给他讲了一个故事。

"有一个博物馆，里面珍藏着许多价值连城的名画。有一天，博物馆失火了，两个管理员，一个人只拿出一幅价值不算太大的画，另一个什么也没拿出来，人还受到严重的烧伤。"

"那么多画，只拿一幅？还有，那个人怎么那么没用，一幅不拿还受伤？"丈夫问。

"拿一幅画的人回答，大火在即，他只能放弃价值最大的，选择离他最近的画抢救。而那个受伤的，因为要选择价值更大的画，才一幅没抢出来，自己还受了伤。"婆婆又问，"他们的做法，你比较认可谁的？"

丈夫说道："当然是拿一幅画的人了。"

婆婆解释说："你回答得很对。在紧急关头，我们要学会选择放弃，如果非要选价值最大的，最后反而连价值最小的也得不到。这时你的放弃并不是退缩，而是为了保存实力。"

丈夫听后，说道："我明白了，现在我安心养病，是为了病好后更好地学习。"

用故事说服孩子，比你滔滔不绝地向他灌输一堆大道理要实用得多，特别是那些隐含着哲理的故事，更容易让他冷静深思、豁然开朗。

朋友把即将上小学的女儿从婆婆那儿接回来后，发现她胆子太小了：每到晚上，她就不敢一个人呆在房间里，连上卫生间也要让大人陪着，睡觉时，还要开着灯才能睡着。

有一天，当女儿又要让她陪着睡觉时，她忍不住问："在自己家里，你到底害怕什么呢？"

女儿怯怯地说："鬼。我听奶奶说，鬼喜欢不听话的孩子。我不听话，鬼就会每晚出来吓我。"

她摇摇头，说道："听我给你讲一个故事，你就知道世界上有没有鬼了。"听了她的话，女儿紧紧地拉住她的手，她笑着讲道："有个人生意赔了，就不想还朋友钱，朋友病危时他反而躲起来。不久，朋友死了。他听说朋友死前一直叫着他的名字，就吓坏了，心想朋友死不瞑目，变成鬼也会报复他的。"

女儿惊慌地看着她。她继续讲："从那以后，一到晚上，他就看到鬼跟着他。为了躲鬼，他常把门窗紧闭，房间的灯也开着。"讲到这里，她停顿了一下，说道："一天上午，有人敲门，他开门后吓得大声喊着鬼来了，往窗户那儿跑去。直到'鬼'笑着说话，他才没有从窗户跳下去。"

"'鬼'说什么了？"女儿又怕又好奇地问。

"'鬼'对他说：'叔叔，爸爸临死前，让我把这封信给你。''鬼'原来是朋友的儿子。他看完信后，大哭起来，说自己对不起朋友。当时硬把钱还给了朋友的儿子。"

"那信上写的是什么呀？"女儿不再紧张，着急地问道。

"信是朋友生病时写的，说知道他生意赔了，不用还自己钱了，只想和他见面聊聊……而他多日来看到'鬼'，正是因为他心中有鬼呀。自从还钱后，他再没有看到过'鬼'。"

讲到这里，她问女儿："你说他心中的鬼是什么？"

女儿大声回答："就是昧着良心贪了朋友的钱呀。"

"那你还觉得世上有鬼吗？"她问道。

女儿摇摇头，她又说："所谓的鬼，正是我们自己心中的鬼，这就是人们常说的做贼心虚。身正不怕影子歪，不做亏心事，不怕鬼敲门。"

女儿笑着说："妈妈，我知道鬼是怎么回事了，以后不会再让你陪着睡觉了。"

巧用故事里的内容教育孩子，就是把耐人寻味的道理，或是孩子认为神秘、疑惑的事情，融入到通俗易懂的故事当中。当他听了这样的故事，会很快明白你要传达的信息的。

每个故事都来源于生活，甚至高于生活，有着深刻的教育意义。在说服孩子时，如果你多用故事来传达一些信息，远比生硬的、无聊的、空洞的、乏味的说教更能打动他。

是不是你做得不够好？
——通过对比告诉孩子对错

当孩子犯错后，不必急于批评他，可以用对比的方式让他看到自己的错误和不足，并且主动进行改正。

有个中学生在网上对我说，他放学都不想回家了，原因就是不愿意听妈妈讲话。他说："妈妈老批评我。"

"是不是你做得不够好？"我问。

他说："要是真做错了，就事论事地批评我，我没有意见。可她老是拿我跟人比，把我比得优点也成缺点了。听着她的话，我有时都怀疑自己，是不是真的无可救药了。"

他有个习惯，放学后喜欢先到外面玩或看看电视放松一下，然后再写作业，这样效率很高。可是他妈妈认为他就是不想学习，就数落他："都多大了，玩心还这么重，对学习一点都不上心。你看你班上老考第一的李明，我听他妈妈说，他不写完作业绝不吃饭。还有你们班长，我听你们老师说，他……"

他对我说，一听到妈妈拿同学和自己比，他心里就来气。妈妈提到的那个同班同学，成绩是很好，但在班里，老是欺负人。还有班长，说话特损。

因为讨厌这些同学，当妈妈拿他和自己做比较时，他就气愤地反驳道："既然他们那么好，你让他们当你儿子吧。我还真不乐意在这个家里待下去了。"

妈妈听完后，对他又是一顿责骂，有时他被骂急了，就夺门而逃。他说："有好几次，我宁可在楼下转悠，也不想回家去。"

指出孩子的错误时，你不要总拿他不喜欢的熟人来和他对比。要多和他沟通,了解他平时欣赏或崇拜什么样的人,用这些人作为榜样去激励孩子,效果要好一些。

有位在电视台工作的朋友,很会说话。有一次我去她家,碰巧看到她在批评儿子。

当时,她儿子在洗一件短袖衬衫,洗了好长时间也没洗干净。她让他重新洗时,儿子不乐意了,反驳道:"洗衣服都是女孩子做的事,我哪里能做好?"

她笑道:"谁说你做不好?上次你帮我洗毛巾,我以为是新买的呢。"看儿子态度有所缓和,又趁机问,"可这次怎么没有上次洗得好呢?"

儿子说:"我还有好多事情没干呢,可能是太着急了。"

"我就说嘛,你做事一直是很认真的。我敢说,这次只要你沉下心来洗,就不会再返工的。不信你试试?"

听了她的话,儿子高兴地又拿去洗,而且洗得很干净。

即使拿孩子和他自己做对比,你也要把话说得有分寸,让他爱听,这样他才愿意听你的"指责",并配合你改掉错误。

小语大一点时,每次犯错误,丈夫在一气之下,批评她时就有点"失言"。有一次,亲戚家的孩子来家里玩,想玩小语最喜欢的玩具,小语就是不肯。

我左哄右哄,她也不听。丈夫忍不住说道:"你是姐姐,怎么还不如妹妹懂事,你每次去妹妹家,妹妹都把最好的玩具给你。以后再这样,就不让她叫你姐了。"

小语听后,情绪有些激动,大声说:"不叫就不叫,我还不想当她姐姐呢。她哪里懂事，在咱们家还跟我抢玩具。"

我把丈夫拉到一边，过去对小语说："你珍爱自己的玩具，这一点特别像某某，书上写她小时候也这样。"

某某是小语最喜欢的少儿节目女主持人。听了我的话，她兴奋地问："真的呀，她也不喜欢让别人玩自己的玩具？"

"是呀，可她很听大人的话，只要她妈妈劝她，她就会让小朋友玩。我觉得你这一点，和她有点像，"我激将她，"大人一说，就会亲自送到妹妹手上的。"

小语想了想，就去给她妹妹送玩具。

利用孩子喜欢的名人，来和他做对比，用此来指出他的缺点，既能让他很快接受你的批评，同时还给了他台阶下。

有一次去亲戚家，看到她儿子跟她顶嘴时，我再一次感觉到，大人可以从孩子的话中，来反思自己的教育方式是否正确。

她儿子这次考得不理想，亲戚就骂他："你怎么就这么笨啊，考得一次不如一次。你看看咱的邻居小强，哪一次你都考不过他。"

"他成绩好有什么用啊，除了上学什么也不会，画画、跑步，都没有我好。"

"你画得再好能当画家？跑得再快能赶过刘翔？你是学生，就要学习好。"

"我们老师说了，要全面发展……"

"全面发展也要成绩好啊。我看你要是再不努力，就是全班倒数了。"

"你就知道比成绩，难道我就没有好的地方吗？"她儿子气冲冲地说，"我帮你洗碗、拖地……"

"只要你成绩好，我根本不需要你来做这些。"她打断他。儿子气得脸都红了，再也不说一句话。

不要总拿学习成绩来批评孩子，品格、性情及其他潜在的能力，也是非常重要的。如果你非比不可，最好用他的优点来对比他的缺点，这样效果或许会好一些。

◇◇◆◇◇◆◇◇◆◇◇

教育孩子，你最好借用他欣赏或是他所喜欢的人的"缺点"来做比较。同时要记住，不能总是拿他成绩差、考分少来说事，时间久了，他会越来越厌倦学习的。

每个孩子身上都有不同于他人的优点，比如天性善良、聪明活泼、沉默爱思考、乐于助人、懂礼貌等。拿他的优点与他自己的缺点对比，效果也许会更好。

这样吧,咱今天就写两个字
——先提小要求,再提大要求

孩子只是孩子,不要指望孩子一下子可以改掉身上所有的缺点。你可以先给孩子提出小的要求,然后循序渐进,一点点增加要求,让孩子一点点进步。

朋友的儿子上小学,字写得不太好,老师建议他们督促儿子好好地写字贴。儿子起初还好好写,可坚持不了多久,就又开始乱写了。

看到儿子每天在妻子的训斥下,无精打采地练字,他想了一个办法,就对妻子说:"今天我来监督他写字吧。"

妻子走后,他先安慰了儿子,然后委婉地提醒他说:"你的字写得不是很好,但我看你写得很用心。"

儿子看看作业本上的字,很认可他的说法。他又说:"这样吧,咱今天就写两个字,每个字写到你满意、我满意后,再往下写别的。当然,每一次有进步,我会适当地给你奖励的。"

儿子听说只写两个字,自然十分同意,写起来也就十分用心了,字写得比以前好看多了。他就会趁机表扬、肯定他,然后满足他提的小小要求。

以后,他就坚持使用这个办法,不断地加码,再加码……儿子的字渐渐地好起来,后来还养成了做事专心的好习惯。

在给孩子提一个小要求前,为了鼓舞他,最好给他一些小奖励。等他有了进步,再把要求适当加码。以此类推,等他有了大改变后,再提更高的要求。

同事的女儿上中学,常以课业重为由拒绝洗自己的衣服,所有的衣

服都让她来洗。有一次,她出差半月,回家后看到女儿的脏衣服堆成了小山,而女儿则在上网跟同学聊天。

她忍着气,等女儿聊完后,她才说道:"你是妈妈最贴心的小棉袄,平时对我最体贴,这次出差,你不在身边,我老是觉得好像少了些什么一样。"

女儿听后,立刻问:"妈妈,你刚回来,休息一会,今天的饭就让我和爸爸做吧。"

她"感激"地说:"你学业重,还是我来做吧,有你这句话,妈妈心里已经很温暖了。你去写作业,时间还早,我先把你的衣服洗了。"

"妈,我来洗吧。"女儿打断她,"我作业早写完了,老师说了,做家务也是对身体好的一种运动方式。"说完跑去洗自己的衣服。

我小时候,父亲在指使我做不喜欢做的事情时,总会说一些让我爱听的话。时间长了,当他一说我爱听的话时,我就知道他有事"求"我。

有一次,父亲带我去看爷爷奶奶,去之前,他让我尝一块点心,问我:"好吃吗?"我如实回答:"好吃。"

"好吃在哪儿?"

"又香又软。"

"这种食品最大的特点就是软,最适合老年人吃。"父亲说,"爷爷奶奶牙齿不好,你尝过了,觉得他们能不能咬得动?也不知道他们爱吃不爱吃。"

"这么软当然能咬得动了。"我立刻回答,"爱吃呀,有一次我听奶奶对爷爷说过。"

"你记忆力真好。"父亲夸我,"他们爱吃的东西很多,因牙齿不好,选择的范围就小。你现在长大了,我知道你到了爷爷那里,是不会再吃的。"

爷爷奶奶疼爱我,记得我每次回老家,他们会偷偷地把好吃的点心给我吃。想到这里,我坚决地说:"他们让我吃,我也不会吃。"

"要是他们硬让你吃,"父亲笑着说,"我猜你可能会以'不爱吃'为借口来拒绝吧。"

"对,这样说他们就不会硬让我吃了。"我得意地说。

有位网友向我讲起她教育孩子的故事。

她儿子上小学,每天都把房间弄得很乱,却又不爱收拾房间。有一次,她看到儿子写完作业后,桌上的铅笔、尺子、转笔刀、课外书扔了一桌子,就对他说:"一看你的作业本,干净、整洁,就知道你是一个爱干净的人。要是再随手把桌子收拾一下,就更干净了。"

儿子很快就收拾好了桌子。她趁机说:"我发现你不但干得好,而且动作也快。要是你能坚持一周收拾桌子,我就奖励你一元钱。"

他看看桌子上的东西不多,就一口答应了。一周后,她看到他做得很好,就给了他奖励。看着手上的一块钱,儿子十分高兴,就着他的高兴劲,她趁机又提要求:"看你桌子收拾得这么好,不如顺便把被子也叠好。因为你有了经验,相信你会做得比上次更好。"

听到赞扬声,他十分高兴,就又开始叠被子。以后,她利用这个办法,一步步提要求:"被子也叠得这么好,不如顺手把地也扫一扫。"……

她笑着说:"在我越来越高的要求下,他现在不但收拾自己的房间,又开始收拾客厅了。"

向孩子提要求时,针对他的喜好,你可以适当地给他一些物质上或是精神上的奖励,但是一定要记住,再给他进一步提要求时,要选择在他高兴的时候,这就是"趁热打铁"。

孩子不是完人，身上都会或多或少有一些缺点或小毛病，你要针对他的不同情况，采用适合他的教育方法来纠正他，利用他的"虚荣心"、上进心"激"他改掉缺点或小毛病。

教育孩子，不但需要你的爱，更需要你利用他的心理发展规律来感化他、引导他。根据他的心理需求，先给他提个小要求，等他进步后，再继续加码。

第五章

不剥夺孩子的话语权
——让孩子自由表达看法和感受

你看，火车可以运积木呢
——不要忽略孩子的表达

孩子也有说话的权利，你不能因为自己的情绪或状态，而忽视孩子的表达意愿。这样会使孩子变得不愿意沟通，你们之间的隔阂也就此产生。

有一天，我独自在看一部家庭伦理电视剧。

剧中的父亲正在灯下设计，绘制一份建筑图纸，他3岁的儿子在拼装轨道玩具。

这是一个单亲家庭，孩子的母亲在他2岁的时候因病去世，保姆只在父亲白天上班的时候接送孩子上下幼儿园。

男孩拼装好了玩具，跑到父亲的身边，对他说："爸爸，你看我拼装的火车道，火车在上面呜呜地跑呢。"

"哦，不错。"父亲转身看了一眼地板上儿子拼装好的火车轨道，继续埋头绘图。

得到了父亲的肯定，男孩又跑回轨道旁边，在火车顶上放了一块积木，玩具火车继续沿轨道前进。

"爸爸，你看，火车可以运积木呢。"男孩为自己的创造感到很自豪。

"哦。"这一次，父亲头也没抬，继续忙自己的工作。

爸爸的表情和举动，让儿子感到无趣。

过了一会儿，男孩也许忘了刚才的不愉快，开始用积木搭起了房子。

"爸爸，你看我搭的房子好不好？"儿子又一次跑过来摇着父亲的胳膊说。

这时，爸爸有些恼了，他的设计图纸明天要上交，今晚一定要完成。

第五章 不剥夺孩子的话语权——让孩子自由表达看法和感受

爸爸甩开了儿子的手,很生气地冲着他嚷:"去去去,你没看见我正忙着吗?"

男孩很委屈,咧开嘴大哭起来:"妈妈,我要妈妈……"

儿子的哭叫让父亲心烦意乱,他再也工作不下去了。

在我的记忆中,也曾经遇到类似的事情。

那段时间,我还在中学任教,小语读小学,小松上幼儿园。

因为评职称很不顺利,再加上与一个同事有误会,和丈夫也闹了矛盾,那段时间我情绪非常低落。

有一天,我到幼儿园接小松回家。在幼儿园门口,小松见到我就高兴地扑了上来,抱住我的腿,我勉强地冲小松笑了笑。

我把小松抱上自行车的后座,有气无力地推着自行车朝家的方向走去。

一路上,小松不停地诉说当天幼儿园里发生的新鲜事。比如,哪个小朋友哭鼻子了,哪个小朋友尿裤子了,哪个小朋友得了小红花,哪个老师换了什么颜色的发卡,等等。

而我心情烦躁得不想说话,面无表情地只顾低头走路。

"妈妈,你在听我说吗?"小松问。

我没有回答。

"妈妈,你听我说嘛。今天园长奶奶穿的裙子好漂亮……"他依旧不合时宜地"聒噪"着。

我不胜其烦。心情烦躁的时候,我只需要安静。

"妈妈,为什么黄瓜是绿色的,却叫黄瓜呢?中午我们吃的黄瓜炒鸡蛋,可好吃了……"小松在后座上使劲扯着我的衣服。

"你烦不烦啊,怎么这么多话!"我厉声制止了他。

那一刻,小松立即停止了讲话。

我转头发现,他的嘴巴撅了起来,眼中有泪光在闪。

我的心疼了一下，赶紧停住脚步，一手扶住自行车把，用另一只胳膊抱了抱他，他的眼泪落在了我的衣服上。

◇◇◆◇◇◆◇◇◆◇◇

这就是忽视孩子思想情感的表达而产生的后果。

如果父母因为忙，或者因为心情不好，忽略甚至阻止孩子的表达，常常会伤害他的心。

也许，父母真的很忙，无暇或者没心情听孩子诉说一些"无关紧要的事情"。但无论如何，我们也决不能轻易忽略孩子的表达，哪怕自己很辛苦。

至少，我们可以告诉孩子说："你等我五分钟，我忙完这件事再听你说，好不好？"然后，五分钟后再找孩子谈。

◇◇◆◇◇◆◇◇◆◇◇

在我养育一双儿女的过程中，我深深地体会到重视孩子思想情感表达的重要性。

小语14岁的时候，有一天晚上，我正在书房里专心写作。

忽然，在眼角的余光里，我发现书房的门开了一条缝，小语的脸闪了一下。但是，随之，她又把门轻轻地关上。

我没有理会，继续写作。

接下来，这种情形又出现了两次，小语欲言又止的表情告诉我：她一定有事。

我叫住了小语，轻声问她："小语，有事吗？"

小语推开门，显得有些慌乱："哦，没事。"然后，迅速地关上了房门。

我没再说话，但职业的敏感让我再也写不下去。

我保存了电子文档，关了电脑，走出书房。

小语独自一人在看电视，她拿着遥控器频繁地换着台，上一频道的画面几乎没有停留，她就换到了下一个频道，一副心不在焉的样子。

"小语，你一定有事，跟妈妈说说，看我能否帮你出出主意？"我在小语身边坐下来，搂着她的肩膀，眼睛看着她，用温和的声音说。

小语低下头，用手挠了下头皮，支支吾吾好长时间都开不了口。

我用信任的眼神看着她，鼓励她："你无论遇到什么事情，妈妈都会理解你，也都会帮助你。"

终于，小语开口了。

原来，班里一个男生给她写了一封"情书"，单纯的她像遇到了天大的难题，不知道如何是好。

我静静地听小语讲述了事情的经过，以及她对这件事的看法。最后，我帮助她分析了情况，并提出了几点建议。

第二天，小语给那个男孩写了一封情真意切的回信，勉励那个男孩好好读书，鼓励他发挥自己的体育和音乐特长，争取考一个好高中，创造自己的美好前途。

这样，小语又恢复了往日的开朗和活泼。

◇◇◆◇◇◆◇◇◆◇◇

表达心声是每个孩子的基本需求，只有这种需求得到了满足，孩子才能感受到来自别人的情感和心理上的支持。

所以，无论孩子想表达什么，父母都要予以重视，并将其当作一件大事来对待，耐心而专注地去倾听。这样，孩子才能及时消除内心的各种消极、负面的情绪和能量，获得更多积极的、正面的情绪和能量。

不许哭！丢不丢人啊？
——允许孩子发泄不良情绪

人都是情感动物，孩子也有很多不良情绪要发泄。当你忽视甚至阻止孩子表达不良情绪时，就会危害孩子的身心健康。

我曾在一家超市看到这样一幕：

一对母子推着购物车在挑选货物，四岁的儿子一会儿推小车，一会儿在超市货架间乱跑，与妈妈捉迷藏。

"妈妈，我要这个！"突然，男孩抱着一个很大的玩具盒来到妈妈面前。

妈妈接过纸盒，发现包装盒上有军车、枪、军人等图片，知道那是一件有关军事的玩具。

儿子喜欢军事，小小年纪就对军事有了一定的研究。

妈妈翻找贴在包装盒上的价格标签，叫道："哎呀，这么贵，不能要。"

"送回去！"妈妈把玩具递给儿子，并命令他。

"我要嘛！"儿子开始耍赖。

"不能要，听见没有？"妈妈的厉声责备，引来了周围人的目光。

儿子很难过，他不顾众人的注视，开始大哭起来。

"不许哭！"妈妈用右手食指指着儿子说。

可儿子哭得越发厉害。

"不许哭！丢不丢人啊？"妈妈走上前，用力搡了儿子一把，难堪地看了看周围的人，拉着儿子走远了。

孩子哭，常常是在表达某种不良情绪。如果父母简单粗暴地制止，会抑制孩子情绪的表达，这对亲子沟通不利，对孩子的身心健康更不利。

很多父母会觉得，哭是一种软弱的行为，因而就只是简单粗暴地呵斥孩子"不许哭"。

其实，有效的办法是，了解孩子哭的原因，可让孩子哭一会儿，或鼓励他通过倾诉或转移注意力去做喜欢的事情等方式，来缓解自己内心的负面情绪。

我以前的同事曾给我讲过她和她儿子的一个故事：

这位同事是一名语文老师，活泼开朗，很喜欢说话。

有一段时间，因为说话过多，她得了比较严重的咽喉炎，医生嘱咐她要少说话。

有一天，她下班回到家，读小学三年级的儿子进了家门就说"气死我了"，让她感到莫名其妙。

同事拉儿子坐下，问他："发生什么事了？"

儿子就开始说起当天放学后发生的一件事。

他说到了他和另外三个伙伴如何商定玩一个游戏，就是为吓跑路旁那个衣着破烂的卖花女孩，说到了他们制定了怎样的游戏规则，等等。

儿子声调很高地说着，面红耳赤，咬牙切齿，看起来真的很生气。

因为儿子成功地吓跑了那个女孩，结果另外三个伙伴没有遵守规则，都一溜烟跑了。他们约定，输了的人要主动把小女孩追回来，并向她道歉。

同事嗓子疼得厉害，她一直专注、耐心地听儿子说，眼睛看着他，并不时地点点头。

当儿子讲述完整个过程，他的声调也慢慢降了下来。

"其实，我们不该做这件不文明的事儿，不该吓跑那个可怜的小女孩。"最后，儿子停顿了一会儿，说了这样一句话。

同事点点头，微笑着，没有说话。

"没事，妈妈，我现在不生气了。谢谢妈妈。"见妈妈如此耐心地听他说，且没有责备自己，儿子感到很欣慰。

此时，他的脸上又恢复了灿烂的笑容。

我在为一所学校的初三学生做讲座时,认识了一个女孩,也曾经为她做过心理辅导。她内向自卑,沉默寡言,与父母之间缺少交流,很少向父母说出自己的心里话。

女孩很好强,父母对她的期望也很高。

在即将面临中考的一年里,父母常常教导女儿说:"你要好好复习,争取考个好高中,给我们争口气。"

紧张的复习,激烈的竞争,父母期望的眼神,心事无处诉说的烦恼,让女孩倍感压力。

她感觉不到一丝快乐,虽然父母每天都细心地照顾她的饮食起居,每天都对她嘘寒问暖,给她提供一切有利的生活和学习条件。

有几次,女孩想和父母聊聊,发泄一下心中的抑郁。可是她刚一开口,妈妈就说:"有聊天的时间还不如用在学习上呢。"

后来,爸爸为此甚至还训斥过她,她心里更加苦闷,头脑中甚至还出现了自杀的念头。

女孩告诉我,要不是听了我的讲座,要不是后来我努力开导她,她可能真的就要自杀了。

我暗暗吃惊,若是当初她没有遇到我,这个漂亮的姑娘指不定会做出什么傻事来。

情绪情感沟通是亲子沟通的重要内容,孩子与父母缺少有效的情绪情感沟通,亲子间的感情就难以建立和巩固,以前的感情基础也会出现裂痕。

在家庭教育中,很多父母与孩子之间,更多的是进行生活事件的沟通,却很少有情绪情感的沟通,这是很多亲子矛盾产生的重要原因。

你要允许孩子表达情绪情感,这样,亲子沟通才能进入良性循环。

别说了，写你的作业去
——耐心听孩子把话说完

谁都有表达的欲望，当孩子说话时，你要耐心听完。如果你中途打断孩子的话，就会让孩子失去倾诉欲望，以后也不愿意和你交流。

小松读二年级时，一天，他从学校回来后非常高兴，因为刚刚当选为班里的体育委员，语文课上朗读还得到了老师的表扬。

一回到家，小松就开始兴奋地跟我讲述这些事情，描述他当选为体育委员时自己多么神气，同学们是如何羡慕；描述朗读课文受到老师的称赞时，自己是如何自豪。

当时，我正忙着打扫卫生、整理房间，一会儿还要洗一大堆衣服，当天的写作也还没完成。那个时刻，我因为每天有忙不完的事情而心情烦躁。

小松在我身边绕来绕去，不停地跟我说着，我觉得他很碍事。

"别说了，写你的作业去。"我打断了他。

听到我的话，小松有些不高兴，讲述的兴致和热情弱了下来。

我发现了他表情的微妙变化，连忙改口说："我现在很忙，等我忙完了，再听你说好不好？"

小松依然不是很开心。

小松的表现，让我意识到了自己的失误。

在我的心目中，孩子是第一位的，所有的事情都没有孩子的快乐和成长重要。

于是，我停下了手中的活儿，转身对小松说："对不起，小松。你说吧，我听着。我猜你当上了体育委员，朗读受到了表扬，肯定很开心，跟我说说当时的情景。"

小松受到鼓励，又高兴地说了起来。

这件事让我意识到，如果父母没有耐心听孩子把话说完，孩子就会产生不能完全、完整地表达自己想法和感受的痛苦。

孩子讲述，是为了得到理解或认可，你没有听孩子把话说完，就难以对孩子有正确的理解或认可。所以，在与孩子的交流中，你要多一点耐心，听他把话说完。

你不仅要听孩子把话说完，还要避免没听孩子把话说完，就做出片面评价和错误的判断。

我还在中学任教时，曾发生过这样一件事：

有一次，我们班一名叫王先岭的学生逃学了。这已经是他第三次逃学了，我们班的纪律分为此被扣掉了很多。

我了解到王先岭的家庭教育有些问题，就打电话把他母亲叫到学校来详细谈一谈。

王先岭的母亲是个快言快语的人，来到学校后，母亲为了表现自己对儿子很负责任，就展开了思想教育的架势。

她先让儿子交代事情的过程。

"我今天早上来上学的时候，遇到了同学李蒙……"儿子乖乖地开始讲述，看起来有点怕妈妈。

"这个李蒙是不是不良少年？你以后不要跟这种人来往。"母亲急忙插言。

"他不是不良少年，他学习很好……"王先岭辩解道。

"学习好？学习好还能和你一起逃学去上网啊？"母亲质问他。

"我们没去上网。"王先岭有些冤。

"那去干什么了？去游戏厅了？"母亲紧问不舍，她很不放心儿子去网吧、游戏厅一类场所，更担心儿子染上一些恶习。

"没有。"王先岭对母亲的主观判断很生气，但又不肯说出逃学后的去处，他和李蒙去游泳了，这也是他母亲担心的。

"要不就是找一些不良少年抽烟喝酒去了。"母亲还在猜测。

第五章 不剥夺孩子的话语权——让孩子自由表达看法和感受

我看得出,王先岭的表情很难看,对母亲的愤怒也在增强。

我只得让王先岭先回了教室,我来与他的母亲进行沟通。

其实,王先岭只是单纯地厌学,坐在课堂上对他是一种痛苦,就想办法通过逃学来逃避这种痛苦。他并不是母亲口里所猜测的那种"坏孩子",但是母亲"连环炮"似的逼问,让他越发不愿意为自己解释和争辩了。

◇◇◆◇◇◆◇◇◆◇◇

王先岭母亲的做法,让我想起了曾在一本书上看过的一篇短文,短文的大意是:

一位母亲问她5岁的儿子:"如果妈妈和你出去玩,我渴了,又没有带水,恰巧你的书包里有两个苹果,你会怎么做呢?"

儿子歪着脑袋想了一会儿,对妈妈说:"我会把两个苹果都咬一口。"

母亲有些失望,她没想到儿子这么自私,关键时刻只想霸占所有自己想要的东西。

她想对孩子训斥一番,然后再教他该怎样做。就在这些话即将出口的刹那,她改变了主意。

她抚摸着儿子的小脸,问他:"能告诉妈妈,你为什么要这样做吗?"

儿子眨眨眼睛,一脸童真地说:"因为……因为我想把最甜的一个苹果给妈妈吃!"

妈妈感动地拥住了儿子。

如果这位妈妈像王先岭的妈妈一样,没等孩子把话说完,就断言孩子自私,并批评他,那一定会伤害孩子,影响亲子沟通,也不利于对孩子的教育。

事实上,不论孩子有怎样的心理动机和行为,听孩子把话说完,我们就有可能了解孩子真实的内心,从而有机会采取更有效的教育方式。

因此,父母要耐心地听孩子把话说完,并在听孩子说完后再做判断和评价。

不嘛,我就要那一件
——允许孩子说不

仅仅要求孩子听话,而不允许孩子说不,这是在剥夺孩子的自主权,并不是有效的教育方式。

在小语和小松小的时候,和许多父母一样,我也希望他们能够听话乖巧,这样我就会很省心。

但我的这种观念,受到了3岁的小语的挑战。那时,她的一句话点醒了我。

有一天,我带小语去买衣服。马上就要到夏天了,小语去年的夏装有点小了,已经穿不下了。

到了附近的商场,我和小语在童装区转悠。儿童夏装已上市,这里有花花绿绿、各式各样的儿童服装。

转了几家店铺,我看中了一件粉色的漂亮连衣裙。

连衣裙的前面绣着双飞的蝴蝶,下面裙摆上是红色的花、绿色的草。我觉得小语穿上这件裙子会很漂亮。

当我让售货员取下这件连衣裙,并要求小语试穿时,她却一把推开了我的手。

她喜欢那件浅灰色的,上面有两朵红花的裙子。

在我看来,那件灰色的裙子有些老气,也有些土气。

但小语却坚持要穿那一件,我不同意,就对她说:"要这件吧,这件好看。"

"不嘛,我就要那一件。"

我实在看不出那件灰色的裙子有什么好,极力劝她改变主意:"宝贝,你要听话,咱不要那一件,要这件,这件好看。"我手里拿着那件粉色裙子,不停地在她的身前比划着。

第五章 不剥夺孩子的话语权——让孩子自由表达看法和感受

小语胡乱地抡着小胳膊，制止我将粉色的裙子套在她身上。

那个时候，我还没有足够的家教经验，只是一个劲地说："小孩子要听话，要这件，这件好看。"

此时，小语突然对我说："为什么小孩子要听大人的话，而大人不能听小孩子的话啊？"

我没想到，3岁的小语会说出这样的话。这真是一个好问题，小孩子就一定要听大人的话吗？为什么大人不能听小孩子的话？感谢小语，给我提出了一个有意义的问题。

最后，我没有坚持自己的主张，而是尊重了小语的想法，尽管我心里并不情愿。

以为只有听话的孩子才是好孩子，只有孩子听话才证明自己的教育是成功的——这是很多父母的误区。

但实际上，仅仅要求孩子听话，不允许孩子说"不"，并不是有效的教育方式。

更何况，仅要求孩子听父母的话，而你却时常不听孩子的话，这实在有点不公平。要知道，你的话并非总是对的，而孩子也应该有他自主选择和判断的权利。

一个夏天的傍晚，我和小语、小松在小区广场上散步。

广场上人很多，热闹非凡。

因为从事家庭教育咨询，只要有机会，我就注意观察周围的父母和孩子的言行。

此时，一对母子吸引了我的注意。

这位母亲一手提着装有水瓶、苹果、饼干等食品的袋子，一手拿着孩子的一件外套。男孩只有两岁左右，很调皮，不时地在人群中来回穿梭，跑跑跳跳不停歇。

一会儿，男孩在一个地方停了下来，专注地看一个小姑娘踢毽子。

这时,起风了。刚才天就阴沉沉的,这会儿,天阴得更厉害,像要下雨。

那位母亲取下儿子的衣服,要给他穿上,儿子却推开了妈妈。

妈妈又试了一次,"听话,穿上衣服。"

儿子不从,跑开了几步。

妈妈紧追不舍,将衣服袖子套进了儿子的一只胳膊。儿子开始用力反抗,胳膊、腿使劲地乱扑腾。

妈妈一手搅过儿子,另一手强行给他穿衣。儿子开始哭闹,大喊着"不要,不要",妈妈没有理会他,继续给他穿。

母子俩的行为引来了周围人的目光。

等妈妈给儿子穿完衣服、扣好纽扣,孩子已经哭成了泪人,不时地用手拍打着母亲,还用力地要扯下外套。

"回家!"母亲将儿子抱起,朝着一栋楼的方向走去。

"不回家!"儿子的哭声更大,又是一番死命的反抗。无奈,小小的他拗不过对他来说高大的母亲,被强行抱着一路哭回了家。

不仅仅对于婴幼儿,对于已经进入少年期、青春期的孩子,听话也是很多父母的期望和要求。

我曾经的一个女学生,因为这个问题,与父母的关系非常紧张。

"我爸我妈真是太霸道了,什么都要听他们的,我不能说半个不字,否则就惨了。如果我没有按他们的要求去做,不是被骂得狗血喷头,就是被打得遍体鳞伤。我真想逃出这个家,我真想拥有超能力,让我有力量战胜我爸我妈……"有一次,我在女孩的周记中读到了这样的话。那一刻,我心里有点酸,为这个可怜的女孩,为这对不懂教育的父母。

生活中，像这样不允许孩子说不，只要求孩子听话的父母并不少见。

但孩子听话并非是家庭教育成功的标志。

孩子是独立的个人，允许孩子说不，才能建立和谐的亲子关系，也才有助于亲子沟通的良性发展。同时，允许孩子说不，也有助于他自主性、独立性的发展，有利于孩子健全人格的培养。

聪明的父母，要允许孩子说不，给孩子独立自主的成长空间。

大人说话，你小孩子家别插嘴
——鼓励孩子说出自己的看法

父母拒绝孩子表达自己的意见和观点，甚至将自己的想法强加给孩子，就会给孩子带来"人微言轻"的痛苦。

在我的童年时代，在我生活过的农村，小孩子常常是不能参与大人的谈话的。

初中一年级时，我到了乡镇的重点中学去读书。那个时候，我们要住校，每个周末才能回家一次。

自从上了初中，我感觉自己长大了，开始喜欢和父亲谈论一些"成人"的话题。

有一个星期天，我正坐在床沿边看书，邻居王大伯慢悠悠地踱着方步来找我父亲。

正是农闲时，村里的村民有事没事就喜欢互相串门，说说家长里短以及庄稼种植等事。

王大伯进了我家堂屋，接过了父亲递过来的香烟。父亲帮大伯点了烟，又给自己点了烟，然后两人落座，开始天南海北地聊起来。

他们两人聊得起劲，我在旁听得也专心。

聊着聊着，王大伯说起现在的孩子很难管教，主意很大，不把父母的话放在心上。

我知道，他说的是自己的儿子，比我大一岁。

我了解大伯的儿子，他是个很有主见的男孩，我很佩服他。

我对大伯说的话不以为然，于是插嘴说："大伯，其实哥哥很优秀，可能是您总按自己的标准要求他吧。"

大伯是个性格耿直的人，也许我的话他不爱听，就不高兴地说："他走的路哪有我过的桥多啊！"

我正想解释，父亲吐了一口烟，对我说："闺女，大人说话，你小孩子家别插嘴，看你的书去吧。"

"我已经不是小孩子了。"我有些不悦，但看到父亲严厉的表情，不敢再言语。

像这样的情景，在我的少年时代有很多，可每每父亲对我说"大人说话小孩别插嘴"时，我就很不服气，在心里直埋怨父亲总是把我当小孩子看。

在很多父母看来，未成年的孩子什么都不懂，他们对世界、对生活、对人、事、物的认识和看法是不成熟的。

为此，很多父母常拒绝孩子参与成人的谈话，把孩子插话当作对成人间交谈的干扰，甚至当作一种不礼貌。

事实上，孩子参与成人的谈话，对孩子的思维发展、语言表达等各方面能力的发展，都非常有益。

因此，在孩子参与成人的谈话时，你要认真地倾听孩子的意见，而不要拒绝孩子表达。

◇◇◆◇◇◆◇◇◆◇◇

在小语和小松小的时候，我几乎每天都带着他们到小区的小广场去玩。那里有一些儿童游乐设施，有沙坑，是孩子们爱去的地方。

在那里，我遇到一个与小语差不多大的女孩，她当时给我留下了非常深的印象。

女孩非常瘦弱、腼腆，不太合群。每次来到这里，她怀里总抱着一个脏兮兮的布娃娃，一手搂着妈妈的大腿，眼巴巴地看着滑梯上快乐地上上下下的小朋友。看得出，她很想加入他们。

有一天，我又一次发现了小女孩和她的妈妈，她们在离滑梯不远的一个水泥台子上坐着。

这位妈妈侧身望着在小广场内滑冰的孩子们，女儿则目不转睛地看着玩滑梯的孩子。

这时，女孩拉了一下妈妈的手。妈妈转过头，女孩指指滑梯处，什么话都不说。

妈妈不明其意，继续转头去看滑冰的孩子。

又过了一会儿，同样的情景又出现了一次。妈妈依然不明白女孩的心思，真是一位粗心的妈妈。

一直到快中午的时候，许多家长陆陆续续领着自己的孩子回家吃午饭了。

那位妈妈也站起来，准备拉着女儿回家。

而女孩依然望着滑梯处，不肯挪步。滑梯上还有两个孩子在玩，他们的妈妈在旁边催促他们回家。

那时，我只是远远地看着，在心里感叹这位妈妈的粗心。

我猜得出，女孩非常想玩滑梯，而她的妈妈却没有明白女儿的心思。

在我的家庭教育咨询中心成立之初，我曾组织过一个父母、孩子参加的座谈会，邀请一些父母和孩子畅谈家庭教育中的问题。

参加座谈会的，有一对母子是我丈夫的朋友。那个15岁的男孩，据丈夫说，很有才气，很有思想。

但那个孩子外表看起来文文弱弱，说话细声细气，像个女孩子。

当我邀请他们母子俩谈一谈家庭教育的经验或感受时，快言快语的母亲口若悬河。儿子几次欲言又止，都被强势的母亲抢了话头。

我示意这位母亲让儿子说几句话，可这位母亲却说："他还是个孩子，有什么发言权！"

在母亲说这句话的时候，我发现了她儿子脸上微妙的变化：他的上牙紧紧地咬了一下嘴唇。

他一定有话要说，我心想。

我只得指名道姓要求那个孩子发言。

那个孩子刚开口，说了几句表达对父母将他们的意愿强加于自己的反感，母亲就插言反驳，极力证明自己是为儿子着想。

我找了个话头阻止了这位母亲，委婉地谈了自己的看法。

我能明了这个孩子在家庭中与母亲沟通时所受的"压迫"。

我自己的经历以及以上两个孩子的遭遇，让我陷入了沉思。

语言表达，是孩子让周围人了解自己需求和观点的主要途径。不能自由表达自己的想法和观点，孩子会感到痛苦，并会造成以后与人沟通的障碍。

想建立无障碍的亲子沟通，父母的首要责任，就是鼓励和帮助孩子勇敢地表达自己的思想和观点，表达自己的想法和感受。

我不去,你把班给我退了吧
——允许孩子争辩

不要一味地要求孩子听话,要给孩子争辩的权利。当孩子反抗你时,说明他有自己的主见,也是他有独立性的体现。

有一个星期天,我准备去早市买菜,在小区门口遇到了很有意思的一幕。

邻居王大哥和他12岁的儿子壮壮在光天化日之下斗起了嘴。

原来,他们父子俩因为上绘画学习班的事情产生了分歧。

"我好心好意给你报绘画班,你怎么就不去呢,你不是喜欢绘画吗?"王大哥对儿子反对去上绘画班很不理解。

"我是喜欢画画,但这不代表我喜欢上绘画班。"壮壮看起来很有理。

"可是,我已经给你报名了啊,你怎么着也得去吧。快点,再不快点就迟到了。"王大哥看看表,拉着儿子要走。

"我不去,你把班给我退了吧。"壮壮说。

"你这孩子,就是犟。钱都交了,怎么能退呢?"王大哥有些无奈。

"反正你自己想办法,谁让你报班时不征求我的意见来着?再说了,我听说那个班的老师也不是什么名师,这钱不是白花吗?"

"……"王大哥一时无话可说。

"我已经上了奥数班和钢琴班,星期天本来是我玩的时间,你又给我报绘画班,我哪还有玩的时间啊?"壮壮继续说。

我了解壮壮,他是个很有主见的孩子,他这番话说得也很有道理。

王大哥有些生气,对儿子说:"你这孩子,怎么这么犟呢?你别给我找理由……"

第五章 不剥夺孩子的话语权——让孩子自由表达看法和感受

见状，我走上前对王大哥说："我觉得壮壮说得也有道理，要不你再仔细考虑一下孩子的意见，这样也是为了孩子好。"

听我这么说，王大哥看了看态度坚决的儿子，不再坚持了。

孩子犟嘴、争辩，常常是让父母头疼的事情。孩子以此来反抗父母的安排和主张，在一些父母看来，这会"损害"自己的尊严，让自己很没面子。

事实上，孩子争辩并不是坏事，这至少说明孩子具有较强的独立性，说明孩子在进行有价值的独立思考。研究表明，喜欢争辩的孩子更聪明。

所以，你不必因孩子喜欢争辩而觉得有损自己的"面子"，要允许孩子争辩。

在我们家，尤其是小语和小松进入青春期后，我和丈夫努力为他们创造民主自由的交流环境，允许他们跟我们争辩，以发展他们的独立思考能力和独立的人格品质。

有一次，小松准备玩电脑游戏，丈夫怕他玩上瘾，就制止他说："你不要玩这个。"

"为什么你能玩，我就不能玩？"小松反驳说。

"你的任务是学习，不是玩游戏。"丈夫想都没想就说。

"那你的任务是上班、做生意，你怎么就能玩？"小松紧接着说。

"这个……大人和小孩不一样。"丈夫语塞，没话找话地说。

"有什么不一样？大人小孩都是人嘛，大人能玩小孩不能玩，这太不公平了。"

"小孩玩游戏会上瘾。"丈夫担心地说。

"谁说我玩游戏就一定上瘾？"小松对爸爸的判断有些不满。

"我定好了闹钟，到点就不玩了；或者，我只玩两局就不玩了。再说，自制力都是锻炼出来的，我不经过实践锻炼，怎么提高自制力呢？"小松继续说。

"好了，你赢了，允许你玩游戏。"丈夫无话可说，只好"屈服"

了。

"哇,老爸万岁!"小松高兴地跑去玩游戏了。

这样的争辩场面在我们家很正常。我和丈夫约定,只要孩子能说出理由,而我们又提不出反对的证据,就允许孩子按照自己的意见去做。

我不希望小语和小松成为唯唯诺诺、没有主见、独立性差的孩子,所以,有时孩子对某事提出反对意见,如果他们能说出自己的理由,我反而很高兴。

有时候,我还故意刺激一下孩子:"你真的同意吗?难道你没有反对意见?"

小语上初一的时候,有一段时间,市里要举办数学竞赛,竞赛获奖者中考时可加分。

小语是参赛者之一。学校规定,参加竞赛的同学,要连续三个月每周六进行一天的赛前培训,如果不参加培训就会被取消参赛资格。

刚上初一的小语玩心还很重,她想在周末做自己喜欢的事情,也想参加竞赛,但她又不想因为竞赛而占用太多课余时间。

说白了,她不愿意参加培训。

我希望小语能够借这次竞赛培训的机会,培养自己的意志力,当然也为以后的学业打好基础,就给小语分析了参加竞赛培训的"好处"和不参加的"损失"。

小语考虑了两天,决定参加赛前培训。

对小语的决定,我有些不放心:"你真的同意参加培训吗?不要为了照顾我的面子而委屈自己。"

"你可以找出理由反驳我,我希望你是心甘情愿地做出决定。"我又一次鼓励小语。

"我决定了,参加竞赛培训。有失必有得。"小语坚定地说。

我这才放下心来。

允许孩子争辩,就要给孩子争辩的机会,不以自己的"权威"压制孩子,而要鼓励孩子说出自己的理由,鼓励他坚持自己有合理理由的主张。

孩子争辩,这代表他在慢慢长大,即使他为了暂时争辩的胜利而采取了错误的做法,也能够从中获得有益的成长经验。重要的是,孩子在争辩的过程中,培养了思维能力、独立和解决问题的能力。

第六章

好家长要会安静地听孩子说
——你必须要掌握的倾听术

哎呀，妈，你就甭管了
——孩子说时，你要多听

人有两只耳朵，一个嘴巴，这其实是在告诉父母，在与孩子沟通时要少说多听，这样才能起到更好的沟通效果。

父母在与孩子沟通时，常常是说得多，听得少，尤其是做妈妈的。

小语的一个同学，称自己的妈妈为"大嘴巴妈妈"。别人正说话的时候，她妈妈常常喧宾夺主地侃侃而谈起来。

小语曾跟我讲过她妈妈的一件事。

一个周五的晚上，小语去这个同学家，与她商量周末去学校办黑板报的事情。

"妈，我和小语明天去学校办黑板报……"那个同学对妈妈说。

女儿还没说完，她妈妈就插话说："你们俩去办黑板板？别人怎么不去啊？"

"我们是宣传组的啊。我们中午不回来吃饭了。"

"宣传组就你们俩啊？会不会是别人偷懒不干活？中午不回来吃饭，那去哪儿吃呢？小饭店可不卫生啊。"

"哎呀，妈，你就甭管了。"

"不能不管啊，你是我女儿。不会是你们老师或其他同学欺负你们俩，让你们俩牺牲休息时间办黑板报吧？再说了，非得周末办啊？平时课间不可以吗？"妈妈不依不饶。

女儿不胜其烦，生气地嘟囔："真是瞎操心。"

"你这孩子真不识好歹，操心也是为你好啊。"

眼看着母女俩就要吵起来了，小语赶紧出来打圆场："阿姨，我们俩明天去办板报，我们班宣传组一共有两个小组，这次正好轮到我们小组。明天办板报可能时间比较紧，因为周一要检查。我们中午就在小卖部随便买点东西吃就行。"

"别理她，到我房间去商量一下板报内容和板块吧。"同学白了妈妈一眼，拉着小语说。

"下次跟你们老师说说，别赶在周末让你们办黑板报，周末你还要学习呢。"妈妈对着女儿的背影说。

"神经病。"同学拉小语走进房间后，砰地一声关上了门，弄得小语也有些不快。

很多父母，就像上面这位妈妈一样，总是"大嘴巴"，总是在该听的时候过多地说。

也许父母的本意是给孩子更多的教导，不让孩子走弯路，但是，父母缺少倾听而过多地说，常常会让孩子感觉到不受尊重。

感觉不到尊重的沟通，当然会被认为是不平等的沟通，这种沟通也常常会是低效甚至无效的，父母应该避免。

有一天，小语从学校回到家，嘴里嘟囔着："妈，我今天好烦啊。"

当时，我正忙着收拾房间，听小语这样说，心想她一定遇到了什么事情。

"发生什么事情了？可以跟我说说吗？"我停下手中的活儿，关切地问。

"哎，这怎么说呢？"小语深深地叹了口气，摇了摇头，似乎难以启齿。

也许事情很重要，我决定跟她好好谈谈。

我先去卫生间洗了一下手，回来后郑重地坐在椅子上，看着小语说："如果你觉得可以，跟我说出来，也许我能帮你。"

"今天语文课上，语文老师读了王楠的作文，以前老师可都是读我的作文。我心里感觉很不痛快。"

我冲着她点了点头，用眼神鼓励她继续说下去。

"我很不喜欢王楠，他很骄傲，这次老师读了他的作文，他还冲我傲慢地笑，我心里很不舒服。"

我理解小语的失落，握住了她的手，给了她一个信任的微笑。

"下课后，王楠挑衅地对我说：'你的作文不是好吗？老师怎么没有读你的？'我很生气，那时我真想抽他一个耳光，有什么了不起的……"小语咬牙切齿地说，还伸出手做了一个抽人耳光的动作，仿佛王楠就在眼前。

我一直耐心地听小语说，不时鼓励她继续说下去。我知道她心里不痛快，倾诉对她是一种发泄。

我知道，小语此时需要的是理解和接纳，而不是教导和建议。我相信她能处理好这件事。

果然，说完了，小语松了一口气，像是完成了一件任务。

"好了，老妈，没事了，我不会跟王楠这种人一般见识的。老妈，谢谢你听我说。"她高兴地说。

如果我不是耐心地听小语说，而是给她过多的教导，教育她不要太计较，教育她努力赶上去，教育她不可冲动，那小语肯定会更郁闷，事情还是得不到解决。

父母少说多听，孩子会有更大的成长空间，有更多表达自己的机会。这样一来，你就很容易走进孩子的内心，你们之间的沟通也会更加顺畅。

聪明的你，一定要做到在孩子面前少说，适时闭嘴。要鼓励孩子多说话，大胆表达，而自己则用心倾听。

第六章 好家长要会安静地听孩子说——你必须要掌握的倾听术

儿子，有什么事？说吧
——倾听时要专注

一心不能二用，你在倾听孩子说话时，一定要停下手中的事情，专注地倾听，这能让孩子快乐地说下去。

小松上幼儿园时，有一段时间很喜欢和爸爸在一起玩，丈夫也喜欢逗着儿子玩。

因为，那时丈夫从不像我一样限制儿子"不要弄脏了床单""不要躺在地上""别摔倒"等，所以小松觉得跟爸爸在一起更自由。

一天，吃过晚饭，丈夫又习惯性地斜躺在沙发上，拿起一张报纸来看。

大概又想和爸爸去玩球，小松开始和爸爸套近乎。

"爸爸，你累不累？"儿子的外交手段让我佩服，他没有直接跟爸爸提出要求，而是关心起了爸爸。

"不累啊，怎么了？"丈夫眼睛盯着报纸，头也不抬地回答儿子说。

"今天，我们在幼儿园学了一个游戏，就是夹着球跑……"小松很认真地说。

"哦。"丈夫依旧没看小松。

"我们玩得可开心了，老师还表扬我跑得快呢……"小松继续说，眼睛看着爸爸。

"哦。"丈夫抬眼看了儿子一下，继续看报纸。

小松似乎受到了伤害，他说到这里不说了，一把扯过爸爸手中的报纸："爸爸，你放下报纸听我说好不好？"看起来，他似乎要流泪了，小嘴巴也翘了起来。

"哦，哦……"丈夫似乎明白了什么，赶忙放下报纸，"儿子，你有什么事？说吧。"

见爸爸放下报纸，小松犹豫了一会儿，继续讲他的故事。

丈夫耐心地听着，小松受到了鼓舞，脸上马上由阴转晴。最后，他对爸爸说："爸爸，跟我去玩球吧。"

"嗨，好嘞。"丈夫爽快地答应了，站起身，跟小松在客厅里玩起了球。

孩子跟父母讲话，父母却忙着自己的事情，这样的事例在生活中并不鲜见。

那一次，我去超市买东西。

在电器货架前，我遇到了一对母子。母亲正用心地看一款微波炉的使用说明，孩子只有两三岁，在摆弄着一个自己刚刚挑选的汽车玩具。

"妈妈，你看，这里还有个灯呢。"男孩惊喜地叫道。

妈妈没有理会他，继续看着使用说明，一边还听着旁边一名售货员的讲解。

"妈妈，妈妈，你看，这里面有个小人，他在开车呢。"男孩不住地扯着妈妈的衣角，继续报告着他的"新发现"。

"别闹！听话！"妈妈不满地训斥了儿子一句。

儿子安静了一会儿，一个人跑到旁边的电器货架前，摸摸这个，动动那个。一名年轻的售货员走过来对男孩说："小朋友，这些不能乱动啊。"

看着陌生的阿姨，男孩戒备地走开了，又来到了妈妈身边，继续摆弄那辆玩具车。

"妈妈，给我打开这个门吧，里面没有电池，它不能跑。"过了一会儿，男孩终究不甘寂寞，又一次央求妈妈。

"别闹，没看我忙着吗？"妈妈有些生气地呵斥儿子。

男孩乖乖地立在原地，撅着嘴巴不说话，显然是生气了。

在听孩子说话时，以上这些都是父母常犯的毛病。这实际上是对孩子的不尊重，是一种不良的倾听态度。

也许，你看不见这种态度对孩子的影响，但是，如果你用这种态度对待孩子，一定会伤害孩子的心，因为他的诉说没有得到你的重视。

孩子有了高兴的事情都喜欢跟父母说，小语也不例外。

有天晚上，6岁的小语在一本图画书上看了一个有趣的故事，就兴冲冲地来到客厅，跟爸爸说："爸爸，我刚才看了一个好玩的故事，给你讲讲吧。"

丈夫正躺在沙发上闭目养神，一副懒洋洋的样子。

"好的，你讲吧。"丈夫没有睁开眼睛。

"有一个国王，他有一个爸爸，有一天，他……"小语兴奋地讲起来，一边看着爸爸。而爸爸则一声不吭，眼睛紧闭着。

"爸爸，你睁开眼，看着我讲嘛。"小语有些灰心，她觉得爸爸没有听她讲。

"我听着呢，你讲。"爸爸依然没有睁眼。

小语讲故事的兴致慢慢减弱了。

见状，我走上前去，拉着小语的手，坐在了沙发上，"小语，来，讲给我听。"

我微笑着，看着小语的眼睛，她开始讲起来，讲得很认真、很投入。

专注的倾听，不仅要求父母放下手中的事情，还要求父母在倾听时精神集中，专注地看着孩子。

孩子讲述时，父母眼睛看着孩子，传达给孩子的是父母重视他的讲述，这对孩子更好地讲述是一种激励。

放下手中的事情，并眼神集中地看着孩子，专注地倾听孩子讲，这是父母在倾听时的基本要求，父母要切记。

知道了，你烦不烦啊！
——听孩子说话要表现出兴趣

在孩子讲述的时候，如果父母没有兴趣听，就会让孩子很受打击，也就失去了继续说下去的动力和积极性。

曾经在一部电视剧中看到这样一个场景：

剧中的小主人公抱着刚买的布娃娃，对妈妈说："妈妈，佳佳也有一个布娃娃。"

"哦。"妈妈没有表情地应了一声，像是在想自己的心事。

"妈妈，佳佳的布娃娃没有我的漂亮。那是她爸爸给她买的。"小女孩继续很有兴致地说。

妈妈笑了一下，但那笑容很快就消失了。

"妈妈，我要给布娃娃梳个小辫子，用红皮筋扎起来，还要每天给她洗个澡。"

妈妈是个严肃的女人，她觉得女儿的话题都很"幼稚"，没有兴趣听她说。

小女孩跑到妈妈的梳妆台前，拿来一把小梳子和一根红皮筋，说："妈妈，给布娃娃梳小辫子要用小梳子，不能用大梳子。"

"好了，好了，知道了，你烦不烦啊！"妈妈皱着眉头，呵斥了一句。

女孩平白无故地遭了一顿呵斥，有些错愕。她想，自己是不是做错什么了，这么不招妈妈待见。

其实，这样的场景在小女孩的生活中很多。当她高兴地跟妈妈讲事情的时候，妈妈有时候就会表现得很不耐烦，这常常让小女孩讲述的兴致顿减，情绪低落。

生活中，有些父母会因为种种原因，对孩子的讲话表现得不耐烦，从而导致了双方的沟通障碍。

这是一种不良的倾听态度，是需要父母避免的。

小语、小松小的时候，我父亲在我们家住过一段时间。父亲很喜欢姐弟俩，姐弟俩也和姥爷玩得很开心，尤其是小松，很喜欢给姥爷讲故事。

那段时间，每天晚上吃过晚饭，小松就拉着姥爷去卧室，要给姥爷讲故事。

"姥爷，姥爷，我给你讲故事。"

"好啊，讲什么故事呢？"每次，老父亲总是高兴地答应。

"就讲《芝麻开门》的故事吧。"这是小松给姥爷讲过无数遍的故事。

"好的，我就喜欢听这个故事。"父亲从来没有让小松扫兴过。

"从前，有个人叫阿里巴巴。有一天，他赶着毛驴去砍柴……"小松开始很认真地讲起来。

父亲听得津津有味，尽管已经听过不知多少遍，他依然表现得很好奇。

"阿里巴巴在一个山洞门口停住了，他看到了四十个强盗，一个强盗的头儿对着山洞念'芝麻开门，芝麻开门'，然后门就开了……"小松做着很夸张的动作和表情，那种情态让人忍俊不禁。

"啊，太神奇了！然后怎么样了呢？"父亲总是装作很惊讶的样子，这让小松大受鼓舞。

父亲时常会这样，在小松讲到某个地方的时候，说一句"太有意思了""真好玩"，这让小松的兴致始终很高涨。

每次看着如此认真的祖孙俩，我都想笑，内心也很欣慰。孩子想要的就是这种快乐，自己的讲述被人认为是有趣的，这对孩子就是最大的褒奖。

对小语和小松,我自信自己是个好听众,无论他们讲什么事情,无论讲多少遍,我都会饶有兴致地去听。

也正因为如此,小语和小松与我的交流没有太大的障碍。

有一次,小松放学回家后,兴奋地跟我说:"老妈,告诉你一个特大新闻。"

"什么特大新闻?快告诉我。"我好奇地问。

"我们数学老师昨天结婚了,一个个头矮矮的,别人都说找不到好媳妇的老师居然结婚了……"小松兴奋地大声说着,那神情,仿佛他是全世界第一个知道这个消息的人。

小松的数学老师也曾是小语的数学老师。昨天,小语已经将数学老师结婚的消息告诉了我,她还绘声绘色地向我描述了婚礼是如何的壮观,如何的热闹。

看着小松的样子,我不忍扫他的兴,没有说"这事我早就知道了",而是装作十分好奇、非常感兴趣的样子,对他说:"是吗?快跟我说说怎么回事。"

"我们数学老师个子很矮,总板着脸,蔫蔫的,学生和一些老师都说他肯定找不到好媳妇。可谁知道,人家却找了一个漂亮媳妇,让那些未婚的男老师们嫉妒得不得了……听说婚礼那场面可给他长脸了,十几辆轿车,还有吹鼓手、舞狮队,那个热闹啊……"

小松眉飞色舞地说着,我也津津有味地听着,不时回应着他。

"你们数学老师真是让人刮目相看啊。"

"是啊。等我长大了,我也办一个体面的婚礼,嘿嘿。"已进入青春期的小松调皮地眨了眨眼。

"当然啊,我儿子是谁啊,长大了一定比他的数学老师还强。"

小松笑着不住地点头,走进了自己的房间。

任何人在讲话时，都希望有一个好听众，希望听者对他的话感兴趣，孩子更是如此。

表现出对孩子谈话的浓厚兴趣，对孩子讲话是很大的鼓励，激励他有效地表达自己，从而达到与父母的良好沟通。

作为父母，要保护孩子讲话、与人沟通的热情，促进孩子的沟通能力，就要表现出对孩子讲话的浓厚兴趣，以激励孩子说下去。

✿ 我和同学打架了
——让孩子叙述他自己的事情

当孩子在陈述一件事的时候,父母总喜欢先入为主,斥责孩子的错误,为孩子指引方向,却没有认真体会孩子的感受,错失和孩子真诚交流的机会。

很多父母抱怨,孩子越大,就越不愿意和父母交流,有什么话也不说,你说什么话他也不听,亲人简直就成了冤家。实际上,在孩子的成长过程中,大多数都伴随着父母的说教和斥责。孩子感觉不到亲近,自然不愿意和你交流。

小语的朋友李贺给她来信了,看完信后的小语满脸泪水来找我。我连忙问怎么了,小语说:"幼儿园让我们考试,小学了让我们考试,那你们做父母的,为啥就不用考试呢?"

我不禁一愣,问道:"怎么了?"

"李贺的妈妈好坏。"小语一边说,一边抹眼泪。

"怎么了?她难道打李贺了?"我推测道。

"岂止是打李贺,还冤枉李贺。"

"怎么回事?"

小语的抱怨很多,给我解释了半天,我也没听明白,只好拿过那封信看。

原来,李贺最好的朋友欺负一个女同学,李贺劝他,说男子汉不应该欺负小女孩,哪知同学居然就说李贺和女同学好。李贺一生气就和朋友打了起来,被同学打得鼻青脸肿。

回家后,李贺的妈妈看到儿子那副样子,一边给他治疗伤口,一边问怎么了。李贺说:"我和同学打架了。"

李贺刚说完一句话,他妈妈就不由分说打了李贺的脑壳一下,说:"我不是告诉你了吗?要团结同学。你怎么这么不听话,我看你就是该

第六章 好家长要会安静地听孩子说——你必须要掌握的倾听术

打。"

我看的过程，小语还在絮絮不止："妈妈，你该去宜阳办个教育班，教训教训像李贺妈妈这样的父母，别让我们孩子受委屈。"

我笑着安慰小语："好了，妈妈会好好解决这个问题的，你放心吧。"

安顿好小语，我马上给李贺的妈妈打了个电话，说明了大致情况，希望她能够多听听孩子的声音。李贺的妈妈显然没想到我会给她打电话，她非常感激，说："以后一定要多听听孩子的话。"

在孩子幼小的心里，父母就是他最好的朋友，他愿意把兴奋、委屈、苦恼、愤怒等都告诉你，可是如果他只开了个头，你就叫停，那么他就再也不愿意向你诉说了。

◇◇◆◇◇◆◇◇◆◇◇

喜欢离家出走的欣欣又来找小语了。她并不上楼，叫小语下去后，就抱着双膝蹲在了树下。小语搂着她的肩膀安慰她，还一边叫我下楼来接欣欣。

我下楼来，见欣欣满脸泪痕，就要给欣欣的妈妈打电话。我刚拿起手机，就突然接到了欣欣妈妈的电话，问她女儿是否跑过来了。

我告诉欣欣的妈妈，她就在我家楼下，正和小语说话。欣欣的妈妈没有立刻放下电话赶来，而是对我说："蒙老师，可能是我错了。可是您帮我分析分析，我哪里错了。"

我表示在认真听，欣欣妈妈就诉说开来。

欣欣早晨吃饭的时候，忽然说了一句："千万不要让你的老婆有蓝颜知己，蓝着蓝着，你就绿了；千万不要让你的丈夫有红颜知己，红着红着，你们就黄了。"

欣欣妈妈听欣欣说出这样一番话来，就沉下脸，问欣欣这话是从哪里学来的。欣欣慌了，说是从网上看到的。欣欣妈妈说："你天天都看什么网站？怎么不学点好呢？以后别上网了。"

欣欣急了,又说:"是我听同学说的。"

妈妈说欣欣撒谎,又问哪个同学说的,在什么场合下说的,都有谁听到了,还说要找那个同学问问去。欣欣一生气,就趁着妈妈不注意,离家出走了。

我知道,问题就是出在欣欣妈妈身上。

很多父母在听到孩子讲到敏感的话题时,总是因为担心而给孩子提出种种警示,让孩子不敢大胆地说出简单的事实。其实大可不必杞人忧天。

几个博友聚会的时候,网友"竹叶青青"曾经讲了这样一个故事。

"竹叶青青"的女儿一直坐在第一排:一,她个子不是很高;二,她学习比较好。可是有一年新年后开学,她的女儿居然被调到了后面。

"竹叶青青"一直不知道这件事,直到有一天,女儿抱怨说:"我前桌的同学真讨厌,上课总是扭来扭去,我都看不见黑板。"

"竹叶青青"一听,就问道:"你学习成绩下降了是不是?老师怎么会把你调到后面?你是不是做了什么错事,让老师不喜欢你了?"

"竹叶青青"的女儿本来和她的关系就很紧张,一听妈妈这样说,气得再也不和妈妈说话。不管竹叶青青是打还是骂,她就是不言语。

"竹叶青青"无法,就给老师打电话问怎么回事。老师说,过年的时候,有一个孩子放鞭炮崩坏了眼睛,所以暂时想要调到第一排。

"竹叶青青"这才松了一口气,但是和女儿之间的裂缝却越来越大了。

不管在孩子身上发生了什么事情,都要给予孩子信任。这样,他才愿意把发生在自己身边的故事讲给你听,让你了解他,亲近他。

你又不是神仙，只听了孩子故事里的开头，怎么就能猜中那个结尾呢？你的胡乱猜测，只会让你和孩子之间的关系变得更僵，也更不利于你做教育。

所以，你要放下做"侦探"的欲望，做一个忠实的"录音机"，用心听听孩子的感受，让教育孩子的过程更加顺利。

那你怎么对我的话没有反应啊？
——积极回应孩子的话

在与孩子交谈时，如果你没有及时对孩子的谈话做出积极回应，孩子会误以为你对他的话不感兴趣，从而失去说下去的欲望。

曾经有一段时间，因为和丈夫产生了误会，我的情绪很低落。

当然，这些情况我们没有跟小语和小松说，他们俩也没有看出我和丈夫间的分歧，依旧每天开开心心地上学，快快乐乐地玩。

一个晚上，丈夫又找借口没回家吃饭。

我百无聊赖地吃了饭，简单收拾了一下碗筷，茫然地坐在沙发上按着电视遥控器，不知道该锁定哪个频道。

不知何时，小语来到了我身边，对我说："妈妈，我跟你说件事。"

"哦，说吧。"

"我们班有个同学的妈妈得了病，那个同学很可怜，她每天都很痛苦……我们都想帮帮她……"

我眼睛看着电视屏幕，一言不发，小语的声音仿佛从远方传来。我心里在想，我的心里还生病了呢，哪有精力去帮助别人。

"妈妈，你在听我说吗？"小语摇了摇我的胳膊。

我回过神来，急忙说："我在听着呢。"

"那你怎么对我的话没有反应啊？"小语有些不满。

"哦，你刚才说什么了？"我问她。

"算了，不说了。"小语站起身。

"对不起，妈妈刚才有些累了。你再说说，我认真地听。"我索性把电视机关上了，转过身，看着小语说。

小语又一次将同学妈妈得病的情况简单说了一遍，然后说了他们班

第六章 好家长要会安静地听孩子说——你必须要掌握的倾听术

要帮这个同学的想法,请我为他们出出主意。

我一边听小语说,一边适时地回应她,肯定了他们班同学间的情谊。

最后,我给她提出了捐款、买水果到医院看望同学妈妈,或通过捡拾废品、卖废品等方式攒钱帮助同学等意见。

说完了,小语谢过我,高兴地跑去给同学打电话了。

一些父母常会犯这样的错误,他们会用沉默或心不在焉的态度对待孩子的谈话,甚至用否定、排斥的语言打击孩子。这是你应该避免的。

有一天,小松跟我说:"老妈,告诉你一个秘密,你别跟我爸说啊。"

"什么秘密?我很好奇,说来听听。"

"我要把我爸的手机藏起来,我叫他整天忙忙忙,对我们不管不顾!"

手机是丈夫联系业务不可缺少的工具,最近他业务很忙,即使晚上回到家,也是电话铃声不断。

"嗯,这倒是教育他的一个办法。"我冲小松点了点头。

"等他回家后,趁他上厕所或者去洗澡的时候,我就把他的手机从包里偷偷拿出来,到时你给我望风行不行?"

"行是行,不过有个问题,我得好好想想。如果把你爸的手机藏起来对我们会有什么不良后果?"我若有所思地对小松说。

小松疑惑地说:"不良后果?我没想过。"

"如果我们把你爸的手机藏起来,很多客户无法给你爸打电话。你爸接不到电话,就会失去很多生意,我们就没有那么多钱花了。"

"哦,也是。"小松点了点头。

"如果真的因为漏接电话而失去了生意,你爸那脾气,肯定会冲我们发火。到时候弄得我们谁也心情不好。"

"哎呀，是啊，我怎么没想到呢。"小松有些泄气，"妈，你有什么好办法没有？治一治我爸。"

"我觉得你可以给他写封短信，很真诚地跟他说，你不希望他太累，说你希望有更多的机会跟他交流你的情况、说说你的心里话……"我跟小松提议。

"哦，这倒是个办法。我试试吧。"

积极回应并非只是对孩子的谈话一味地应承，更重要的是，你要在谈话中给孩子的言行以正确的引导和启发，让孩子向着更好的方向发展。

尊重孩子，就要对他们的谈话也表现出尊重，而积极回应孩子的谈话，就是一种尊重孩子的表现。

这种尊重是相互的，你积极回应孩子的谈话，孩子就更愿意对你敞开心扉，更愿意跟你说出自己的心里话，你也可以更好地教育孩子。

妈妈，姐姐的娃娃会说话
——倾听孩子的弦外之音

有时候，有的孩子会使用一些"外交手段"与父母沟通，并不直接提出自己的要求，而是含蓄地表达自己的意愿。

小时候，我给小语买过一个会说话的芭比娃娃，小语喜欢得不得了。

有一天，一个朋友带着她与小语同龄的女儿来我家玩。

这个叫薇薇的女孩，一眼就看见了小语抱着的芭比娃娃，很是羡慕。

我吩咐小语带着妹妹到里屋去玩，小语乖乖地抓起薇薇的小手，去了卧室。我和朋友则聊起了天。

一会儿，薇薇跑出来，来到妈妈身边，趴在了妈妈的大腿上。

"妈妈，姐姐的娃娃会说话。"薇薇看着妈妈说。

"哦，是吗？那它说什么呢？"朋友问。

"她说……她说，'你好，我叫……'"薇薇说不下去了。

这时，小语抱着芭比娃娃出来了。

"妈妈，姐姐的娃娃好漂亮。"薇薇又说，眼睛一动不动地盯着小语怀里的娃娃。

"哦，是啊，真的好漂亮啊。"朋友重复女儿的话。

"妈妈，娃娃的衣服好漂亮。"我看着薇薇，明白了她眼神中的渴望，冲朋友使了个眼色。

朋友会意，转头问女儿："你是不是也想要这个啊？"

薇薇冲着妈妈使劲点了点头。

"好吧。妈妈明天给你买好不好？"

"噢，我也要有芭比娃娃了！"听到妈妈这样说，薇薇高兴地跳了起来。

有时候,孩子会用各种动作表达自己的欲望,是为了避免直接提出要求却被拒绝的难堪和伤害,害怕提出要求而受到批评。

对此,你要善于察言观色,用心发现孩子话语背后的意思,以免忽略了孩子的正当需求。

小语初中读的是北京市一所著名中学,校园环境优美,学校管理严格规范,教学严谨,教师大都比较有水平。

那时,我常常想,这样优秀的中学,小语一定很喜欢。实际上,在进入这所学校之前,小语也真的很向往。

然而,初一刚刚读了不到一个月,有一天,小语突然闷闷不乐地跟我说:"妈妈,我不想上学了。"

这样的话,从学习成绩优异的小语口里说出来,我觉得很意外。

"别瞎说,不上学你干嘛去?你一向很喜欢上学的啊。"一旁的丈夫抬眼看了看小语说。

我想,这其中一定有原因。

"为什么不想上学?"我停下手中的活计,有些担心地问。

"不为什么,就是不想上。"小语懒洋洋地回答说。

事情绝没有这么简单,我在心里想象着各种可能的原因:受同学欺负了?老师教学态度不好?课程太难?学习压力太大?

我决定和小语好好谈一谈。

经过仔细地询问,果然发现,小语不想上学的确是有原因的。

原来,小语在小学时是学校的尖子,学习成绩优异,人缘很好,写作、绘画、唱歌样样拿手,老师表扬,同学们羡慕。

这让小语自我感觉良好。

然而,上了初中后,功课紧张,小语遇到了更多强手。她不再是老师和同学眼中的"宠儿",这让小语情绪低落,开始感觉上学是件痛苦的事情。

了解了这一点,我开始着手帮小语寻找解决问题的办法,各个击破影响她学习情绪的"困难"。

我曾经在一份报纸上看到过一则发人深省的消息。

某校一名初三学生,学习压力很大,在中考前夕,她多次有意无意地在父母面前说:"我觉得活得好累啊。"

父母对女儿的话不以为然,认为她不过是"小题大做",常指责她说:"别这么娇气,我们比你还累呢。"

"初三的学生比你辛苦的有的是,人家每天都学到半夜两点钟,你呢,到了11点就熬不下去了。"

"好好学习,别老无病呻吟地喊累,我和你爸还指望着你考大学呢。"

实际上,父母不了解女儿说这句话的心理诱因,他们的劝诫不仅起不到帮助女儿的作用,反而雪上加霜。

最后,女儿不再喊累,而是悄悄地酝酿着"自杀计划"。

当女孩吃了一些安眠药被救过来之后,她躺在床上有气无力、泪眼婆娑地对妈妈说:"妈,我觉得活得好累。"

妈妈醒悟了,女儿的这句话多么耳熟啊。原来她以前说出这样的话,是因为她内心承受着如此大的痛苦啊。

父母看了女儿留下的"遗书",才明白她为什么总是抱怨,明白她为什么"活得好累"。

是父母对女儿的高期望,是女儿并不十分理想的学习成绩让她不堪重负,而父母始终没有意识到这一点,才险些酿成惨祸。

如果父母能够听出孩子说"活得好累"这句话的弦外之音,也许孩子就不会选择自杀。

　　生活中这样的事例并不鲜见，孩子的抱怨，孩子消极话语的背后，总会有某种原因，总会有某些事情给他们带来不同程度的痛苦。

　　孩子在说出这样的话后，你要用心倾听这些话背后的含义，把握孩子真实的心理动态。

　　不仅仅是抱怨的、消极的话，孩子在提出某些要求时，也可能会不明说。这时，你也要善于倾听孩子的弦外之音，了解孩子的真实想法。

第七章

用爱打开孩子的心扉
——让孩子主动把心里的想法说出来

等你看懂了女歌星，晓南的问题就解决了
——说话前要做好准备，制定策略

和孩子沟通不是一件简单的事情，父母平时要多观察和了解孩子，做好前期的准备工作，后期沟通时才能没有障碍。

表姨的女儿晓南，性格开朗、乐观。一个月前，晓南喜欢的一个女歌星去世了。之后晓南变得很伤感，每天放学回家后，就把自己关到房间里。

表姨看她这么伤心，很心疼。在饭桌上劝她："你再这样下去，身体会受影响的。不是还有很多优秀的……"

"在我心里，没有比她更优秀的了。"晓南喃喃地说，一脸忧伤。

"把自己的粉丝搞成这个样子，能有多优秀。"表姨看晓南听不进去她的话，赌气地说。

"你看过她演的电影吗？你听过她的歌吗？你知道她是怎么成功的吗？"晓南一连问了三个问题后，竟然悲从中来，饭也不吃，就离席而去。

晓南走后，表姨无计可施，只得打电话向我请教。我向她建议："可以先上网查查女歌星的资料，把晓南说的这些问题查清后，还要了解一下与女歌星有关的信息。"

表姨不解地说："我管的是晓南，了解女歌星干什么？"

我笑道："等你了解了女歌星，晓南的问题就解决了。"

几天后，表姨高兴地打来电话，对我说："晓南情绪好多了。我看过那位歌星的资料，你还别说，歌唱得确实不错，演的电视也好，人品也好。我发现自己都快成她的粉丝了。"

原来，当表姨了解女歌星后，再和晓南谈这个话题时，会把对女歌星的惋惜之情，不由自主地通过面部表情传达出来。

表姨说:"和晓南谈时,我忍不住想起女歌星的诸多好处,就想掉眼泪。这么一来,晓南还得反过来劝我。"

和孩子说话前,你要做好准备工作,为保险起见,要把和他的问题,以及与问题相关的知识彻底了解清楚,说话时最好让你的"感情"从面部表情传达给他,以做到有效沟通。

朋友梅文接到女儿刘晓的班主任打过来的电话,说刘晓最近成绩下降得很厉害,有时还不写作业。

梅文放下电话,心里很生气,对丈夫说:"刘晓真是越长大越难管了,居然还学会骗我了。每次我下班回来,问她作业的情况,她都说写完了。这次真得好好教训她一顿。"

丈夫说:"再大也是个孩子,她成绩下降,原因很多,也不能全怪她。咱们也得找找自身的原因。比如这一段时间,你我的工作忙,老是加班,没像以前那样检查她的作业……"

见丈夫护着女儿,梅文气不打一处来,忍不住打断丈夫:"你有没有搞错,她都快上初中了,还让大人检查作业?你就这样宠她吧,总有吃亏的时候。"

丈夫耐心地说:"这不是宠不宠的事情,孩子出现问题,大人也有责任。我的意思是,和她谈之前,把双方的原因分析透,这样她才能听进去我们的话。"

梅文觉得丈夫的话有点道理。于是,在女儿回来之前,夫妻俩对女儿最近的状况,客观地分析后发现:他们做父母的,的确也存在很多问题。

梅文和丈夫都有点工作狂,忙起来就疏忽了对女儿的教育。等夫妻俩做足与女儿沟通前的准备工作后,再和刘晓交谈时非常顺利。

"以前我和你爸老觉得,你懂事、爱学习、自觉性又高,所以工作忙起来就不会像以前那样管你了。可是仔细想想,我们大人有时还控制不住自己呢,何况你呢。"梅文对女儿说。

刘晓立刻回答:"妈,你说的有道理,看来以后你和我爸,还得像以前那样管我。"

梅文点点头,故意做了一个无奈的姿势,说道:"可是,我们以前也并没有怎么管你啊,也是像现在这样,问你写作业了吗,你回答写了,我们就很放心。"

梅文在说话的同时,巧妙地使用了虚假的身体语言,因为这些话在说之前做过准备工作。再加上身体语言的配合,刘晓不但不怀疑,反而有点歉意。

"妈,对不起。我辜负了你和爸爸对我的信任。"刘晓难过地说。

"你能意识到这点,妈就很高兴。现在最重要的是,以后怎么做,才能改变现在的学习状况。"梅文又使用一个和蔼的微笑,真诚地说,"需要妈妈和你一起制定学习计划吗?"

"当然得需要你了。"刘晓彻底让梅文生动的"表演"征服了,就把自己最近表现不好的原因"招"了出来。

决定和孩子谈话前,你除了对他的自身情况做详细分析,做好计划、制定目标外,还要多从自己身上找原因。这样他再向你提出问题时,你就能坦然应对,让他心服口服。

小时候,我特别喜欢和父亲聊天,因为在他那里,没有解决不了的问题。最让我享受的,是他说话时的身体语言。

有一次,父亲和我商量年底给我压岁钱的事情。他摊摊手,有点为难地说:"闺女,我知道你很懂事,很体谅我,今天讲的这件事,你考虑好再回答我。"

从父亲的身体姿势中,我预感到这次的事情,有可能会让我无法接受。但父亲话都说到这份上了,而且还这么为难,让我不忍心拒绝。

"爸,你讲吧,只要在我接受的范围内,我不会拒绝的。"我真诚地表态。

父亲清清嗓子，又对我笑笑，亲切地望着我，说道："你也知道，今年爷爷生病，花钱不少。所以，你的压岁钱，今年没有了。"

那时候，父母给压岁钱的方式不一样，有时送的是心仪很久的礼物；有时是给钱，虽然不多，但可以买到心中盼了很久的东西。

"可是，我已经决定用压岁钱，买我想了半年多的作文书。"我在失望之余，仍然在为自己争取压岁钱做努力，"爸，要不少给一点，好吗？"

父亲把右手的食指放脸上，一副认真思索的表情，过了一会，他才说："这件事情，后天我们买了年货再谈。呵呵，听说你这次考得不错，告诉我你怎么进步这么快？"

父亲把放在脸上的手移到我肩上，轻轻拍了几下，脸上又出现亲切的笑。熟悉的拍打和亲切的笑，让我心中掠过一阵温暖的感觉。突然觉得，和父亲的爱比起来，没有压岁钱带来的失落似乎轻了很多。

说话过程中，当孩子和你的某些话题或者意见无法达成共识时，这时你要做的就是巧妙移开话题，或者向他讲好下次谈话的准确时间。但要记住用一些动作向他表达你的爱。

你要想和孩子更好地沟通，和他说话前，要留出时间来梳理自己的思路，把要谈的话题了解清楚。为保证万无一失，你还要学会从他的话中分辨出哪些话是他的真心话。

要想和孩子良好地沟通，你要做到知己知彼，除了做好充分的准备工作，还要在说话时加上恰如其分的肢体语言，这样才会让你的话具有感染力，更能打动他，从而套出他的心里话。

儿子,妈妈想和你唠唠
——给孩子创造舒适的谈话环境

环境氛围对交谈的影响很大,你要"调动全身的细胞"想办法给孩子创造一个轻松的交流环境,让孩子卸下心防,畅所欲言。

"过来,我有话要对你说。"丈夫一进家门,就来到小松房间,大声地对他说。小松平时就有点害怕爸爸,此时,更是吓得大气不敢出,乖乖地走了出来。

"今天我去开家长会,你们老师说,班上有很多男生老在课堂上乱讲话。你给我说实话,老师讲课时你说过话没?"丈夫问。

小松怔怔地看着他,不知道说什么好。

"我问你呢,你到底说没说?"见小松不说话,丈夫提高了嗓门。婆婆忙从厨房出来,心疼地看着小松。

小松结结巴巴地:"我,我……"

"你这孩子,不会连话也不会说了吧。"丈夫有点生气,"看你这个样子,我又没怪你。"

婆婆鼓励小松:"你要是没说就给你爸爸说呀。"

小松的脸涨得通红,就是不肯说一句话。丈夫只得冲他挥挥手:"你自己再想想,今天晚上我再问你。"

小松回房间后,我把丈夫拉到书房,小声说:"老师在家长会上点小松的名字了吗?"

他摇摇头,说:"没有。只说让家长回去问问孩子,让他自己承认,再想办法劝他们改掉这些毛病。"

我对他说:"你把这个任务交给我,我来问他。"

晚上,我来到小松房间,笑着问他:"爸爸听你们老师说,最近有男生在课堂上讲话?不过没关系,只要改掉就好了。"

第七章 用爱打开孩子的心扉——让孩子主动把心里的想法说出来

"我没有讲过。"小松一口否认。

"哦,那就好,对了,你知道他们在讲什么吗?"我问。

小松想了想,说:"好像在讲这几天播的动画片。"

我笑道:"是你喜欢看的动画片吗?"

小松摇摇头:"不是,他们讲的动画片我不感兴趣,才没有和他们一起讲。"小松的话,让我确定他可能参与了讲话,只是讲的不多。为了让他明白在课堂上讲话不好,我问道:

"你告诉我,看动画片有什么好处?"

他说:"让大脑得到放松,长点见识。"

我问:"你能告诉我,要是在课堂上讲这些,有什么好处或者坏处吗?"

他想了想,说:"坏处是影响其他同学,分散自己的学习精力。好处嘛,好像没有。"

我摸摸他的头:"有你这些话,妈妈相信你在课堂上的表现,因为谁都不会做没有一点好处的事情的。是吗?"

他听后不好意思地点了点头。

之后我给小松的老师打电话问情况,老师说:"小松这几天表现不错,上课很少与其他同学讲话。"

朋友郑慧的儿子肖柯正值青春期,脾气变得很暴躁,就像一个"炸药包"。有时郑慧的丈夫好心提醒他,肖柯也要大发雷霆。郑慧无奈地说:"这父子俩就像水和火,互不相容。"

但肖柯和母亲郑慧的关系却非常好,对郑慧的话可谓是言听计从。

有一次,郑慧晚上加班。肖柯趁母亲不在,就上网玩游戏。因为第二天还要上学,郑慧的丈夫进去劝他:"你明天得上学,别玩游戏了。"

肖柯不高兴地说道:"我才玩多大一会儿啊。"

郑慧的丈夫说:"不是有规定吗,你周一到周五,不能上网玩游戏，只有周末才能玩。"

肖柯正玩得兴起，父亲在一旁不停地打断他，让他很扫兴，气冲冲地说："我都16岁了，你还像管小孩那样管我，我的同学写完作业都要玩一会儿的。"

说完不等父亲说话，肖柯赌气似地关了电脑，说道："你出去吧，我要睡了。"

正在这时，郑慧下班回家。丈夫就向她告肖柯的状："这孩子真不听话，他上网，我说他几句就和我急，这不，还把我赶了出来。"

郑慧深知儿子的脾气，可能此时正在房间里偷着上网呢。于是她敲开肖柯的门，微笑着说："儿子，妈妈想和你唠唠。"她边说边看了一眼正在关机的电脑。

"你赶快说。我要休息了。"肖柯虽然闷闷不乐，但没有拒绝母亲。

郑慧坐在肖柯的床上，再次展露亲切的微笑："这才九点多，就想睡觉了？是不是不愿意和我聊？告诉你，你今天不想聊也得聊。因为今天是妈的生日，你得陪我。"

肖柯一怔，忙看床头的日历，松了一口气，说："你的生日是8月16号，现在可是5月份呀。"

这时郑慧笑出声来，肖柯方知上当，也忍不住笑了。于是，母子俩的谈话变得轻松起来。

郑慧说："每次和儿子谈话，我都要保持微笑，我生气笑不出来时，就想他的优点，或是高兴的事情，然后试着放松面部肌肉。调节好情绪后，确定能亲切对他微笑时我再找他谈。"

父母自然、乐观的微笑，是促进亲子之间轻松、坦诚交流的润滑剂。因此，在和孩子说话前，你要保持亲切、友好、坦诚、随和的笑容。

朋友范文是某大学的教授，在谈到父母和孩子的沟通时，他说：

"父母要想让孩子听自己讲话，就必须为他创造舒适、轻松的环境。"

范文说的这种"环境"，需要父母运用自己的面部表情。他说："面部表情中，使用正确的眼神，最能和孩子拉近关系。"

范文小时候，特别喜欢和父亲说话，他说："父亲和我说话时，从来不直视我的眼睛，而是亲切地看着我的脸和嘴。每次看到他这样的眼神，我就觉得很放松，不论父亲问起什么我都不会有压力。"

因为心情好，范文乐意回答父亲的每一个问题。时间长了，范文学会了从父亲的眼神中来找答案。

有一次数学小测，范文因为粗心大意，没有考好，怕父母训他，躲在同学家不敢回去。后来父亲赶来接他回家。

他说："回家的路上，父亲什么也不说，只是像以往那样，关爱地注视着我。看到那熟悉的眼神，我不再胆怯，主动向他承认了自己的错误。"

和孩子说话时，父母要把眼光放在他眼睛以下的脸部部分。这种"亲切的注视"，不会让他感到有压力。当你想强调谈话的重点时，就用友好的眼神看着他的颧骨。

◇◇◆◇◇◆◇◇◆◇◇

父母竖起大拇指的动作，能带给孩子自信；握拳挥动的动作，会给他带来激情；握手的动作，让他体会到温暖。运用好你的手部动作，将会为亲子沟通的环境增添不少欢乐气氛。

要想获取孩子信任，你要学会正确地使用身体语言，用每个动作、神态，来为他创造一个舒适、轻松的谈话环境。这种环境会让他心里感到放松、快乐。

妈妈，我长大后，要做一个会飞的房子
——鼓励孩子养成把想法说出来的习惯

想要让孩子主动说出自己的想法，你必须要注意自己的交谈态度。你要态度温柔、口气缓和，最好加以肢体动作，让孩子放松心情，把你想知道的事情说出来。

朋友张琦的儿子杨扬上小学四年级，这天一放学，没有像往日那样先写作业，而是直接来到厨房。当时张琦正忙着做饭，随口说道："我现在很忙，有什么事一会儿再说。"

杨扬先是愣了愣，接着有点失望地走了出去。晚上吃饭时，杨扬的话很少。张琦这才想起他放学后来厨房的情景，好像是有什么话要讲的样子。

想到这里，张琦把自己的椅子往杨扬那里挪挪，温和地说："儿子，我说今晚的饭怎么少了点味道，原来你还没向我汇报你的事情呢。"

张琦亲昵的举止，充满兴趣的面部表情，和蔼的说话声音，一下子点燃杨扬说话的热情。杨扬兴致勃勃地说："今天我的数学题全对了，老师表扬我进步很快。"

"嘿，你真厉害。"张琦说着夹了一块排骨，"这是妈妈对你的奖励。"

杨扬一得意，话多起来："妈，我觉得数学不像以前那么难了。"

"照你这种学习精神，学好英语也不是问题。"张琦说着，用信任的眼神直视杨扬的眼睛。她知道杨扬最不爱学英语，才在他最高兴时提出来。

"当然能学好了。"杨扬在高兴之余开始做计划，"以后我要听你的，每天早上背英语单词，写完作业后还要默写单词。"

第七章 用爱打开孩子的心扉——让孩子主动把心里的想法说出来

张琦不说话，只用手抚摸杨扬的头。杨扬开始反思自己："我英语差，可能是上课时没认真听。以后我要改掉这个毛病。"

张琦笑着用手拍拍杨扬的后背，关切地说："知道自己弱势在哪儿，这就是很大的进步。"

杨扬更加信心十足："妈，我有时管不住自己，你以后要多监督我学习呀。"

这正是张琦想要的结果，她再给杨扬夹一块肉："我们边吃边谈。"

张琦利用这次愉快的晚餐时间，把杨扬学不好英语的问题摸清楚了，同时杨杨也制订了加强英语学习的计划。可谓是两全其美。

小语的想像力很丰富，经常会说出一些让我们感觉匪夷所思的话。

有一次，小语突然对我说："妈妈，我长大后，要做一个会飞的房子。"

我正忙着拖地，无暇细听她的话，又怕她到处乱跑，便说："老老实实坐在沙发上别动，地刚拖完。"

小语换一种姿势坐好，又说："妈妈，我要让房子飞到云彩上。"

我还没有说话，只是抬起头来，看了小语一眼，笑了。

这时，坐在沙发上看报的丈夫有点不耐烦了。他说道："小语，你烦不烦呀？爸爸正在看报呢，什么会飞的房子，你别总是说些不靠谱的话。"小语呆呆地看着丈夫，不敢再说一句话。我放下手中的拖把，走到小语身边，靠近她坐下，笑着说："谢谢你的好意，我和你一样，好想飞到云彩上去。"

小语脸上掠过一丝笑意，但没有说话。我把她抱在怀里，开玩笑地说："不过，妈妈的建议是，房子里一定要有厨房，这样我就能给你做好吃的了。"

小语咯咯地笑起来，痛快地回答："好的，妈妈。"说完还把脸贴到我耳边,小声说:"妈妈,我喜欢和你在一起。"

那天小语一直围着我转,还向我讲了她在幼儿园的一些她认为很"秘密"的事情。

我相信,小语说的全是平日没说过或是没机会说的话。

我坚信,是我的理解和爱的拥抱,让小语更愿意和我在一起说话。

父母要学会从孩子的视角,来理解他的思维方式,引导他正确区分和表达。必要时不妨把你的爱溶入肢体语言中,这样更能取得他的信任,让他把自己的观点和看法表达出来。

"在孩子'犯错误'后,如果父母在了解真相以前就妄下定论而冤枉了孩子,甚至认为他的解释都是在狡辩,这等于是把孩子从自己身边推离。当他表达的愿望受到负面情绪影响后,就会变得不爱说话,更别说把心里话讲出来了。"

这句话是我的同事宁勇说的。宁勇是位家庭教育专家,他一直主张,不管孩子的话是否有道理,父母都要耐心地听完。

几年来,有数以千计的父母、孩子,向宁勇倾诉过自己的委屈。宁勇说:"我把这些真实案例做了个总结,结果发现,让父母和孩子纠结的是同样一个问题。"

原来,那些无计可施的父母,最不能忍受孩子的沉默;那些向宁勇求援的孩子,最不能忍受父母不问青红皂白地冤枉自己。"特别是有时候我根本没犯错误,爸妈根本不让我开口,就用他们的想法和推论,给我定'莫须有'的罪名。"有个叫小杰的中学生,用一封长达十页的信,讲了父母给他判定的"冤假错案"。

小杰的数学成绩一直不好,在一次测验中却超常发挥地拿了和同桌一样的高分。小杰很高兴地回到家,没想到父亲不但没有夸奖他,还用质疑的眼神看着他问:"从来没见你拿这么高的分,还考得跟王童一模一样,你不会是作弊了吧?"

小杰很生气，一言不发地进了自己的房间，摔上了房门。父亲一看小杰不做解释，竟然以为被自己猜中了，加上自己当天在工作中被领导训斥了，此时不免更加火冒三丈，从小杰房间里把他拖出来，拍着他的后脑勺训斥道："你这臭毛病是谁惯出来的，自己犯了错不承认，还敢摔门？"小杰流下了委屈的眼泪。

从那以后，他几乎不再主动和父亲说话，即使说，也不讲真话，生怕惹来他一顿臭骂。他形容说："我一想到父亲说话时的动作、语气，心里又怕又气，就没有了说话的欲望。"

教育孩子，最忌讳的是父母在盛怒之下，运用肢体动作训斥他。那样会让他的心离你越来越远。坦然接受他的骄傲和荣誉，失败和错误，他才乐意在你面前表达心声，释放自己。

◇◇◆◇◇◆◇◇◆◇◇

孩子大声说出真实想法的过程，也是个性张扬、心灵放飞、思想解放、自主意识得到加强的过程，同时还会让他的自尊、自信得以保持和恢复，变得更坚强。

你能否听到孩子的真心话，取决于你和他说话时的态度、语气，此时若再加上生动的肢体语言，那将会攻破他心理最后的防线，让他欢欢喜喜地敞开心扉，讲出他的心里话。

幸好有个懂电脑的女儿
——通过共鸣点打开孩子的情感防线

与孩子站在统一战线,让自己与孩子产生共鸣,这样容易让孩子与你亲近,愿意听你的话,也愿意让你走进他的世界。

小语上学以后,最喜欢和我聊天。

有一次,丈夫帮我接了个电话后告诉我:"电话是小语的班主任打来的,说小语这几天上课时老不专心听讲。不是和同桌说话,就是不停地打呵欠。"

丈夫脾气暴躁,说话很直,小语很难听进去他说的话。每当遇到这样的事情,总是由我出面来解决。

在和小语说话前,我得知到她最近沉迷上网。了解到这些情况后,在她上网时,我对她说:"小语,你对网络懂得多,你知道怎么才能彻底删除邮箱里的垃圾信息吗?"

因为我的话是请教的语气,加上小语此时正在上网,她很乐意回答我:"这个问题很简单,来,我告诉你。"

在小语的"帮助"下,我很快学会了如何彻底删除垃圾信息。我感激地说道:"幸好有个懂电脑的女儿,否则,我还真不知道怎么办呢。"

小语笑了,劝我:"妈妈,这没什么,我也经常收到这些信息的。你以后要是有什么问题,就找我吧。"

"那敢情好啊。"我笑着说道,"我看到我的这些垃圾信息,好像是一些网友发给我的。"

小语说:"有的是,但有的不是,是一些盗号的,冒充好友发来的。因为邮件里有病毒,如果处理不慎,还会让咱们的电脑中病毒的。"

趁着这个机会，我说道："想不到网络还会带来一些负面的东西。"

"多着呢。"小语颇有同感地说，"我同学新买的电脑不到一周，就中了病毒。"

我说："我同事说，他儿子过于沉迷网络，本来成绩很好，现在却下降到最后几名了。其实，只要平衡好上网和学习的时间，就不会耽搁成绩了。"

小语连连点头，接下来，我巧妙地问起她的学习情况后，小语说道："妈妈，你说得对，要学会平衡上网和学习的时间，这样才不会耽搁学业。"

你在对孩子进行教诲时，先要和他在思想上达到统一，这样有助于强化亲子间的感情纽带，这时他更容易接受你的建议和忠告。

朋友李颖是电视台少儿节目主持人，工作不到半年，就得到很多小朋友和家长们的喜爱。她声音甜美，极具亲和力，特别是那恰到好处的肢体语言，更是为她的谈吐增添不少风采。

她和孩子说话有个特点，总是蹲下身，让自己比孩子矮一点，然后稍微地抬起头，微笑着问："小朋友，你最喜欢什么玩具？"这句问话，很快就让孩子的话变得多起来。

有一次，李颖来我家时，在讲到和小朋友的友好相处时，她笑着感叹道："许多家长专门到电视台找我，向我讨要和孩子共处的秘诀。其实非常简单。"

正在这时，八岁的小语手里拿着玩具走出来，害羞地看着李颖。不等我说话，李颖用欣赏的眼神打量着小语，并且说道："我猜你有很多可爱的布娃娃吧。"

小语听后，立刻自豪地回答："六个。"

李颖笑了，饶有兴致地问："这些布娃娃中，你最喜欢的是哪几个,让我猜猜好吗?"

小语一改羞涩的表情,兴高采烈地跑回自己房间,抱着三个布娃娃出来,说道:"我最喜欢这三个。"

李颖小心地从小语手中接过布娃娃,一边把它们高高举起,一边说:"嘿,你们长得好漂亮,像小公主一样。告诉我,你们想和我玩吗?"

小语在一旁看着李颖和布娃娃说话,笑得合不拢嘴了。等李颖把布娃娃还给小语时,小语高兴地说:"李阿姨,我可以做你的好朋友吗?"

"当然可以,因为我也好喜欢你的布娃娃。"李颖蹲下身,一边用手抚摸着小语怀里的布娃娃,一边说道。

看着她们亲热的交谈,我明白了李颖和孩子相处的秘诀:让爱通过语言和动作打开孩子情感的防线,利用孩子的兴趣,采取"情感共鸣"的攻势,从而轻松地走进他的世界。

"父母与孩子形成共鸣,一定要凭借真切的情感,因为孩子在辨别这种情感的时候,有一种天生的本能,能让他准确地区分出你分享给他的情感是真情还是假意。"

同事杨群是位教育专家,通过多年的研究和自己养育儿子的亲身经历,她得出了如上的结论。

杨群和上小学的儿子杨昭关系很好。杨群说:"父母只有通过和孩子情感上的共鸣形成认同感时,才有足够的时间来充分了解他的观点、兴趣,然后慢慢地走进他的世界。"

有一次,杨群约了我去她家。中午她在厨房忙碌时,八岁的儿子杨昭拿着自己的画进去,高兴地问杨群:"妈妈,你看我画的燕子好看吗?"

在厨房里忙得团团转的杨群,随口说道:"哇,是一只在树上玩耍的燕子啊，太可爱了。燕子喜欢阳光，你可以带它到外面去玩的。"

杨昭听后，兴冲冲地关上厨房的门，来到客厅，对我说："我妈妈说我的燕子喜欢阳光，我要带它到外面玩一会儿。"

那天杨昭表现得非常懂事。在饭桌上，当杨昭几次想打断我们的话时，杨群故意说道："别看我儿子才八岁，却懂得倾听，从不打断大人讲话。"

说到这里，杨群看着他，用手拍拍他的肩，赞扬道："我和你一样，不喜欢当众表扬人，可你今天，表现得太好了，我只好实话实说了。"

杨昭听后，脸红了，眉眼间全是笑，之后他一直低着头吃饭。

无论在人前，还是在人后，父母对孩子的认同要真心实意，哪怕一个细微的动作，一句赞扬的话，都很容易在你与孩子的心中形成一种联系及情感共鸣的纽带。

孩子有自己的世界，有自己所关心的事情。你要想在他的心中获得一个"亲密无间"的形象，就必须要放下身段，走进他的世界，分享他的喜怒哀乐。

你要想有效地管教孩子，就得与他建立亲密、友好的关系，最有效的办法就是寻找和他的共鸣点，以此来打开他情感的防线，分享和理解他的欢乐和悲伤。这样才能走进他的心灵，获得他的信任和爱。

为什么不想睡？
——用封闭式提问引导孩子讲真话

孩子有时候由于各种原因，不愿意说真话。这时候，你可以用封闭式的问题引导他，让他回答问题，你也能得到答案。

小语小时候，一到睡觉的时候就显得特别亢奋，不是玩玩具，就是拿着图画书，让我和丈夫为她讲故事。

"快睡觉，明天你还要早起呢。"丈夫总是催促小语。

"我还要玩一会嘛。"小语固执地说道。

"我现在命令你立刻上床睡觉，要是不听话，看我怎么收拾你。"丈夫向小语下了最后通牒。

每到这个时候，小语就会气得哭起来。这一哭不要紧，小语会更精神，即使躺在床上，也是好久不能入睡。

有一次，又到了小语睡觉的时间，而小语玩兴正浓，拿着故事书对我说："妈妈，我要听故事。"

我拦住要训她的丈夫，对小语说："妈妈给你讲完这个故事，你就睡觉，好吗？"

小语犹豫了一下，说道："我还不想睡呢。"

我立刻问道："为什么不想睡？"

小语回答："我还不困呢。"

我说道："让妈妈的故事当你的催眠曲，这样你边睡觉边听故事，好不好？"

小语爽快地回答："好的。"

讲完后，不等小语说话，我说道："嘿，故事刚讲完，你就闭上眼睛要睡了吗？"

小语笑着点点头，慢慢地闭上了眼睛。我伸出手，轻轻地为她掖好被子。

对孩子进行封闭式提问时，你要事先为他提供一个框架，再做好每一步的诱导、发问，引导他在你预设的框架里，由浅入深地选择答案，他会一步步不知不觉地忘掉自己的本意，开始听你的话。

朋友梁朝的儿子梁成，在自己房间里捡到一个钱包，打开一看，有一百多块钱，十分高兴，决定用这钱为妈妈买生日礼物，这样就能省下自己的零花钱。于是他偷偷把钱藏起来。

钱包是梁成表哥的。昨天，表哥来看梁成，和他在房间里玩时，不小心落在这里的。当梁成把钱包交给表哥时，并没有提钱的事情。

"我记得包里好像有一百多块钱呀。"表哥说道。

"哥，那钱我可没拿，我连你的钱包都没打开过。"梁成一本正经地说。

"我相信你不会拿表哥的钱。"梁朝看着梁成的眼睛说。接着又问道："你知道我为什么相信你不会拿表哥的钱吗？"

"嗯，表哥昨天是特意来陪我玩的。而且，还经常买礼物送我。"梁成小声说。

"你说得很对，但我觉得最重要的是，占有别人的钱属于不劳而获。你知道什么叫不劳而获吗？"梁朝温和地问。

"自己没有付出劳动得来的东西。"梁成说。

"太对了。偷、抢，算不算不劳而获？"梁朝耐心地问。

"算。"梁成回答。

"那捡的钱呢？"梁朝又进一步问道。

"这个，也算。"梁成说。

"你知道不劳而获带给人的危害吗？"梁朝巧妙地把问题抛给梁成。

"偷、抢的人会做牢。要是捡的钱，会……"梁成故意吱唔着不说。

"如果自己心里明白失主是谁也不还,而是自己花掉人家的辛苦钱,你觉得会心安吗?"梁朝反问。

梁成摇摇头,把头低得更低了。

这时梁朝把表哥支出去,关好门,拉梁成坐下,又拍拍他的肩,用语重心长的口气,对他进行了一番耐心的教育。梁成认识到自己的行为不对后,把钱交给表哥,并承认了错误。

剥茧抽丝,是让孩子慢慢接受。这就需要你提问题时深思熟虑,做精密谋划,这样才能做到环环紧扣、步步深入,鼓励他在无法解决的矛盾前做自我否定。

"想让孩子说真话,父母要以引导为主,然后一步步地套出他的心里话。这个过程就像剥笋,最里面的才是最关键的话。"

这是朋友王丽根据自己的育子经验得出的结论。她的儿子苏浩今年上初二,人很聪明,就是不爱说话。

有一次,苏浩放学回家,满脸不悦,王丽和丈夫问他,他强硬地拒绝后,就回到自己房间,把音乐的音量开到最大。王丽猜出苏浩在学校遇到不愉快的事情了,想劝劝他。

好不容易敲开苏浩的门,不等王丽说话,苏浩就说:"我都说了我没事,你还要做什么?"

王丽说:"我知道你没事,我进来是想说说我的事,让你帮我拿个主意。"

苏浩奇怪地问:"什么事需要我帮忙啊?"

王丽满有把握地说:"这事只有你能办得到。你就说帮不帮妈这个忙吧。"

苏浩连忙关了音响,说道:"只要我能帮,我当然会帮的。你可是我妈妈呀。"

第七章 用爱打开孩子的心扉——让孩子主动把心里的想法说出来

王丽拍拍儿子的肩，故意说："我遇到一件让自己心里感到压抑的事情，是讲出来好，还是憋在心里好？"

苏浩随口说道："当然说出来了，憋在心里会让自己生病的。你赶快说出来吧。"

王丽说："你说得对，事情憋在心里，对自己的身体不好。你是我儿子，我知道你心疼我。那我就讲让我感到压抑的事情了。"

看到苏浩在认真地听，王丽关严门，说道："你刚才进家门时，我看出你有心事，可是问你你却不说，我很担心。"接着压低声音，"你讲给我，我是不会告诉别人的。"

见苏浩不语，王丽又说："你是明事理的孩子，知道有些话不说出来，一个人硬扛的话，对自己的身体不好。"说到这里，王丽轻揉自己的心口，"看到你难受，我心里像刀割一样疼。"

苏浩只好把在学校遇到的令他难以释怀的事情讲了出来。

让孩子说真话，你先要诱使他亲口说出一个你认可的观点，然后步步切入，有诚意地诱导他说出心里话。就好比层层剥笋，最后露出的笋心，就是你要讲的深刻的道理。

◇◇◆◇◇◆◇◇◆◇◇

你要想让孩子说真话，在和他讲道理时要做到剥茧抽丝、层层深入，以让他在心理上慢慢接受。如果你在此时再适当地加入一些有效的肢体语言，效果会更好。

生活中，孩子之所以不想对父母说心里话，其中最重要的原因就是不喜欢你的表达方式。要想真正走进他的心灵世界，你除了使用温和的语调外，还要在说话策略上下点功夫。

哦，对不起，可能是妈妈记错了
——场合不同，说法也不一样

和孩子说话，不能口无遮拦。场合不一样，说法也要不同，这样才能尊重孩子的表现，也才能让孩子更加信服。

亲戚来家里玩。小松抢先到饮水机前，接了一大杯水端过来，礼貌地对亲戚说："请喝水。"

亲戚夸他："小松挺懂事的嘛。哪像你妈妈前几天跟我说的，什么事都要姐姐让着。"

听了亲戚的话，小松脸上露出不悦，反驳道："姐姐什么时候让过我啊，每次我都把电脑让给她查阅资料。"

父母向别人说自己的孩子不听话，有时是在对方夸孩子时说的客套话，有时是一时生气的诉苦。听到这些话的人，最好不要当着孩子的面把这话抖露出来，那样容易让孩子下不了台。

我向人说小语或小松的话，虽然说的是事实，但我不希望让他们听到。此时此刻，我已经没有机会阻止亲戚了。

面对小松的质问，我只好对他说："哦，对不起，可能是妈妈记错了。这一段时间你确实让着姐姐的。"说完后立刻转移话题，"下午是不是就轮到你用电脑了？"

亲戚见状，也圆场说："对对，可能是我听错了，你妈说你现在不和姐姐争了。"

小松看看亲戚，又看看我，很大度地说道："姐姐课紧，应该多用电脑，她下午要用就让给她。"

第七章 用爱打开孩子的心扉——让孩子主动把心里的想法说出来

"再小的孩子也有自尊，在人多的场合，一定要给他留足面子。"多年前，一位教育界的前辈对我说。接着，她讲起亲身经历的一件事。

她上小学时，班上有个男生特别爱玩，但成绩很好。因为字写得不好，怕老师说，就不爱写作业。老师只得把他妈妈叫来。

他妈妈一进教室门，当着全班同学的面就说："老师呀，我对这个孩子，真是一点办法没有了，你看他写的字，像狗屎爬的一样……"

她的话还没说完，全班同学都笑起来。再看她的儿子，脸红红的，眼泪一滴滴地往下掉。

从那以后，同学们一见到他，就笑话他"字写得像狗屎一样"。起初他还反驳，同学们就会说他："这可是你妈妈说的啊。"他就不说话了。

时间一长，这个曾经很活泼的男孩子，变得郁郁寡欢。老师上课点他的名字，他就吓得浑身发抖，成绩也急剧下降。

孩子原本没什么大缺点，经这位妈妈当众一渲染，不仅让他在同学面前没有面子，还让他丧失掉写字的信心，同时连性格也变了。若妈妈不及时"挽救"他，会让他以后再无法挺起腰杆做人。

因此，千万要记住，再气也不能当众羞辱自己的孩子。

◇◇◆◇◇◆◇◇◆◇◇

对于父亲，我有一种说不出的感激。五岁那年，母亲因病去世，不谙世事的我，天天缠着他去找妈妈，找不到就哭，最长的时间，我一口气哭了四个小时，哭累了才睡下。

因为爱哭，亲戚邻居给我取名"泪孩子"；因为爱哭，我比同龄人更淘气。

长大后我听一位亲戚说，八岁以前，父亲不管多累、多忙，都要给我讲睡觉前的故事，直到讲到我入睡为止。

有一次，一个亲戚当着我的面，对父亲说："见过淘气的孩子，没见过像她这么淘气的。这么大了还让你讲故事。"

他看看我，笑道："她就今天让我讲故事了，以前没过。"

亲戚走后，他就对我说："爸爸给你商量一件事，以后，有亲戚在时，能不能先不讲故事，等有时间我给你补上。这样，他们就不说你淘气了。"

我心里很感激他在亲戚面前维护了我的面子，就一口答应下来。

在这个世界上，孩子是最懂得知恩回报的，在人前稍稍给他一个台阶下，他会在以后的日子加倍地偿还你。爱孩子，就请你先维护他小小的"面子"吧。

在地铁里，我遇到过一对当场反目的母子。

我不知道们母子是因为什么事情争吵的。只记得那位妈妈生气地说："就你现在这个样子，交再多的学费，人家也不会教你的。"

孩子很顾面子，眼睛看了看周围的人，说道："我这个样子怎么了？"

"学弹钢琴好几年了，一首曲子都弹不完整，上次你舅舅来家里，听了你弹的，说还不如你刚学了几天的表弟弹得好呢。"妈妈大声说。

"我，我……"孩子脸红了。

妈妈还不给面子："我看你是又懒又笨，学什么都学不会。你说你年纪也不小了，不为自己着想，也为我们想想，我和你爸爸，省吃俭用地供你……"

这时，地铁到站了，孩子径自下去了。妈妈着急得喊："还不到站呢，你快上来。"

孩子头也不回地消失在人群中。

孩子的心灵像春天的禾苗，柔嫩、脆弱，很容易接受你所说的话，同时也会因为你的一句狠话蒙上阴影。轻者让你丧失在他心目中的威信，重者扭曲他的心灵，影响终生。

在家庭教育中，你要学会呵护孩子那颗嫩芽似的心灵，在不同的场合，给予不同的尊重。只有这样，才会让他乐于接受来自你的建议和意见，并且懂得自重自爱。

我早就想和你一起看电视了
——用孩子的语言跟孩子说

孩子有自己的立场，你在和孩子说话时，要先站在孩子的立场，从孩子的角度说出他能接受的话。

和朋友在书房谈话时，透过半开的门，我看到小松不时地往里探头看，以为他有什么事情要同我说。我刚要起身，小松冲我摆摆手。朋友见状，就招呼小松进来。

小松说："妈妈，我没什么事，就是想问问你，你今天还有空和我聊吗？"

我记起来了，每周六下午，是我和小松聊天的固定时间，因为朋友来访就忘了。听小松说起，就对他说："对不起儿子，晚上聊好吗？聊完后我陪你看动画。"

小松听后，高兴地说："好哇，我早就想和你一起看电视了。"

"嘿，太好了，你跟我想的一样。"我说。

小松出去后，朋友啧啧赞叹："真羡慕你们母子，就像朋友一样。我的孩子，和你家小松一样大，现在连他的房间，也不想让我进了。"

成长中的孩子，心性也是单纯、细腻的，如果你与他的谈话让他感到愉快，他会深深地记在心里，并且期待着与你再次共处这样的快乐时光。

前几天，一个六年级的女孩向我倾诉，她说："蒙老师，我妈妈人很好，可我现在，一听到她说话就有气。"

经她讲明原因，我才知道，她的父亲开着公司，由于工作忙，几乎不在家待。妈妈为了照顾她，已经十多年不工作了。

可能是妈妈一个人在家太寂寞了，每当她放学回家，妈妈就给她讲发生在邻居、亲戚间的事情。

她说："这些事情，都是大人之间的恩怨，我一点不感兴趣。"

我问："你为什么不向妈妈讲明呢？"

她说："讲了，可等不了几分钟，她又重新提起来。有时我想给她讲讲我的事情，或是学校里发生的事，讲半截准被她打断。总之就是，她的话我不感兴趣，我的话她不感兴趣。"

我对她说："你可以尝试着把你的事情，放在妈妈兴致好的时候来说呀。"

她摇摇头，说："没用，我现在是能躲她就躲她，有些原本要和她商量的话，到了嘴边又咽回去了。我和妈妈，实在是没有共同语言了。"

看着她稚嫩的脸上泛起的淡淡忧郁，很难相信这是一个六年级女生的哀愁。

孩子和成人一样，对那些令他不开心的话，在心理上会加以排斥。时间长了，会让他越来越反感与你交流，从而与你的距离也越来越远。到了青春期，你们之间的矛盾还会激化。

"等一等，我征询一下我老妈的意见。"小语的同学对我们说。

小语担心地问她："过几天就是期末大考，你妈妈能同意你和我们一起看电影吗？"

她同学说："我觉得能同意，她挺开明的，甚至还会说，'小语是你同学，她不怕耽误考试，咱也不怕'。不信我把音量开大点，让你们听听。"正说着，她妈妈的手机通了。

"喂——"

"老妈，是我，我在小语这里，蒙阿姨说带我们去看电影，怕你不答应……对，对，是还有几天就考试了。"

"呵呵，好哇，不过，你回来后，得给我讲讲那部电影的故事。"她妈妈说。

"您还给我提条件啊？"她说。

"嘿，你到底答应不答应，不答应就别去了，等改日老妈陪你去看。"她妈妈逗她。

"我等不及了。好，我答应给你讲。到时捡最精彩的来讲。"她高兴地说。

"嘿，女儿真好，跟老妈想一块了，我也是这么想的。祝你们看得愉快，玩得尽兴，代我向蒙阿姨问好。"

看到这里，我想任何一个人，不管是孩子，还是家长，都会像小语的同学一样笑起来。

后来，我和这位妈妈见面后聊天，她给我提到与女儿的关系时，说："我和她就像朋友一样，无话不说，常在一起讨论她感兴趣的话题。"

在谈到看电影这件事时，她说："因为快考试了，我心里还真有点不想让她去。可她那么高兴地和我商量，是对我寄予了信任，又听说是和你家小语一起去，还是成全她吧。"

有个朋友，她儿子都上大学了，还保持着每天和她电话沟通的习惯。儿子会把自己生活、学习中遇到的困惑讲给她听，然后母子俩像朋友一样共同商量对策。

她说："和儿子建立这么好的关系，缘于他小时候的一件事情。那时，我工作特别忙，周六、周日都要加班。"

有一次，儿子拿着画好的画给她看，问道："妈妈，我画的大楼好看吗？"

她当时急着要出门，随口敷衍道："好看好看。"

儿子又问:"哪儿好看呢?"

她有点不耐烦,说:"你这孩子怎么这么多话,好看就是好看。"

儿子又追问:"这间房子像你的办公室吗?"

没等她说话,儿子接着说:"妈妈,我看你每天回来都说累,就给你的办公室画了张床,累了可以休息。这个小孩是我,在旁边正陪你说话呢。"

听了这话,她的心一热,摸着儿子的头说:"谢谢你,给妈妈画这么好的办公室。"

儿子动情地说:"妈妈,我好想跟你去上班,帮你干活。你陪我说话。"

这时,婆婆过来,对她说:"每次你走后,他就在房间里自言自语地说话,自己一会当妈妈,一会当他自己,一说就是半天。"

听到这里,她的眼睛有点湿。

她对我说:"从那以后,我一有时间就和孩子待在一起,听他讲他和小伙伴的故事,他班上发生的事情等等。我们这个交流习惯,一直保持到现在。"

和孩子做朋友,会让你受益无穷。他因为信任你而事事要先征询你的意见,因为信任你而愿意与你分享他的快乐与苦恼。有了孩子的信任,会让你对他的教育畅通无阻。

◇◇◆◇◇◆◇◇◆◇◇

孩子和成人一样,有些事情也需要向人倾诉。而他们最理想的倾诉对象就是妈妈。多听听孩子的话,多讲一些孩子感兴趣的事情,你得到的不仅仅是孩子的爱,还有他的信任。

青春期孩子的逆反心理,大多是由于小时候聚集的对父母的不满所致。当有一天,他有了自己的思想,发现当初你对他的教育有不当之处,就会从以前的"惧怕"开始"报复"了。

好，以后我就叫你大侠
——用生动形象的方式跟孩子说

同样一句话，平白直叙的方法可能会引起孩子的反感，但生动形象的语言，却能减少其中的冲突，让孩子愿意接受。

我有一个朋友，是一位小有名气的律师，不仅讲话很有文采，而且能把干巴巴的答辩状写得很生动。有一次和我聊天时，他竟然说自己小时候在人前不敢说话，是妈妈改变了他。

然后讲起他的经历。

他爸爸是聋哑学校的教师，或许是职业的原因，在家里几乎不说话。受爸爸的影响，他也不爱说话，最怕在人多的时候发言。家里来了人，他就躲在房间，怎么叫也不出来。

上学后，有一次，老师叫他读生字，他吓坏了，无论老师怎么说，就是低着头不说话。事后，老师把这事告诉了他妈妈。

妈妈没有责怪他，而是笑着对他说："你知道吗，你安静的时候，就像一只小羊羔。"

他闷闷不乐地说："小羊羔是说女孩的。"

妈妈问："那说男孩是什么呢？"

他想了想："是大侠。"

妈妈说："好，以后我就叫你大侠。"

从那以后，他常听到妈妈用生动形象的话和他说话。比如：

"你话不多，但声音很好听，就像你爷爷家门前河水哗哗流动的响声。"

"你写字真快，像我切菜一样，唰唰唰，一会就把这半页写完了。"……

他说："那时我觉得妈妈的话是世界上最动听的语言，其实她以前也是这么和我说,只是我从没有注意过。"

为了多听妈妈说话,他故意做一些让妈妈高兴的事情,让她来发言。妈妈会夸他:"哇,我儿子果然是会做事的大侠,这么快就把困难消灭了。"

有时也故意淘气。妈妈就会说他:"你知道吗,你发起火来像——"

他脱口叫道:"像电视上怒吼的老虎。"

说完后,妈妈和他都笑起来。妈妈说道:"你比喻得太准确了,妈妈虽然属虎的,可平时最怕虎,你可别发这么大火喽。"

在妈妈的引导下,他性格变得开朗起来,和同学说话也多起来,因为说话风趣,大家很喜欢他。上中学、大学期间,因为口才好,还多次参加演讲比赛。

同样生动风趣的语言,让另一位妈妈说出来,效果却不一样。

有一次,我在火车上,对面坐的是一个年轻的妈妈和孩子。那孩子五六岁吧,正是耍闹的年纪。他嚷着要下车,为了哄他,妈妈给他拿出玩具、食品。

他把玩具扔在地上,把食品也扔在小桌子上。还在车厢里挤来挤去,妈妈气坏了,说:"你比大灰狼还让人讨厌。"

他也生气了,说:"你比怪兽还讨厌,比老妖婆还讨厌。"

妈妈眼睛瞪他:"再说,再说我给警察打电话,抓起你来,把你关在小房间里。"

他叫道:"你是个坏妈妈,比坏人还坏,警察来了把你也抓走。"

母子俩就这样互相斗嘴。妈妈数落他以往的糗事,他罗列了妈妈平时对他做的"坏"事。

结局是,妈妈一巴掌打过去,孩子哭起来。

第七章 用爱打开孩子的心扉——让孩子主动把心里的想法说出来

用生动形象的方式跟孩子说话，除了需要妈妈别出心裁的设计外，还要注意语气的轻重，场合的烘托，同时根据孩子的喜好来掌握说话的深浅，在他乐于接受的情况下把话说出来，这样才能让他心甘情愿地听你"训话"。

◇◇◆◇◇◆◇◇◆◇◇

前几天，接到一个高中同学的电话，她告诉我，现在在某电视台做主持人。她能有今天，真得感谢她的妈妈。

她父亲早逝，妈妈靠着摆露天水果摊供她上学。碰到雨雪天，妈妈就不能摆摊，家里就断了经济来源。

有一次，我去她家，她妈妈在做饭，说是两菜一汤，其实菜就是一个土豆丝，一个咸菜，那个汤，就是在炒了土豆的锅里，放上水和几片绿叶子。

面对如此节俭的生活，你猜她母亲怎么叫这菜名。

"一盘清炒金豆丝，一盘素拌小凉菜，一个营养美容汤。"

吃饭时，她妈妈不时地介绍："这个金豆丝，营养价值太高了，有减肥美容功效；素拌小菜有清肺的功能；营养美容汤的美容效果最好。"

这顿饭，是我有生以来吃得最好的一顿饭。饭后，她妈妈还切了一小盘苹果，边吃边陪我们在灯下轻松地聊天。

那一刻，我重温了人间最无私的母爱；

那一刻，我感受到了世间的真情和温暖；

那一刻，我听到了世界上最美妙的声音。

后来，我听她说过，因为经济原因，她几度想退学减轻妈妈的负担，都被妈妈的一句"放心吧，有妈在，家里的天就塌不下来，就有你的学上"给挡回去了。

这样坚强的母亲，理所当然会培养出杰出的孩子来。

记得有一次,我们全家看电视。因为那个片子小松提前看过,看的过程中,每到精彩之处,他就把结果讲出来,让人很倒胃口,丈夫说他几次都不听。

影片快结束时,小松再次讲到结尾情节,丈夫说:"我看你都成话痨了,小嘴噼哩叭啦,像机关枪一样,把我的耳朵快震聋了。"

小松气得转身跑进房间。我追过去,用同样的话说他:"没想到我们的'小话痨'这么脆弱,'机关枪'这么快就没'子弹'了。来,重整旗鼓,再去噼哩叭啦地'战斗'去。"

他忍不住笑了。说道:"这种'战斗'还是免了吧,省得爸爸再说我。"

我说:"不会了,下个片子你没看过,爸爸看过,到时他当'老话痨'来给你讲。听他的大嘴来噼哩叭啦'打枪'。我们做裁判来评最优的'机关枪话痨'。"

他笑得更厉害了,连声说:"不要不要。好了,妈妈,下次我不讲了好不好。"

你要把话说得生动形象,要具备两点:一是风趣,二是快乐形象。这样既给孩子带来听觉上的享受,又能让他在心里记住自己的过错。而这些话,需要你对孩子多一些理解、耐心、宽容和爱。

妈妈和孩子说话,要做到简单准确,同样的话别反复出现。另外,在说一些孩子不爱听的话时,尽量多使用生动形象的语言,这样既让他感到新鲜,又乐于接受。

对于孩子来说,来自父母的尊重和理解是培养他自信心的土壤,而鼓励和引导则是培养他自信心的最佳养料。关爱孩子,就从尊重、理解、鼓励、引导开始吧。

第八章

如何对孩子说"不"
——拒绝孩子的说话艺术

不能动这个，会电到你的
——避免简单粗暴地拒绝

在孩子的行为和你的要求出现冲突时，你不要粗暴拒绝，却不告诉孩子理由。这样容易让孩子心生逆反，做出更大的错事。

两岁时的小松，突然对卧室墙壁下端的一个电源插孔充满了好奇，时不时地拿来录音机或手机的插头、充电器插上去又拔出来。

在此之前，小松基本上还没有"探索"过这个插孔，直到有一次丈夫用那个插孔给手机充电时，小松像是发现了新大陆，开始有兴趣地关注那个插孔。

那段时间，我父亲在帮我们带小松，他每次发现小松笨手笨脚地要去插录音机的插头，就担心得不得了，急急忙忙跑上前去。

他会一面夺下小松手中的插头，一面厉声说："不要动那个，会电着你的。"然后拿着插头转身离开那个地方。

小松冷不防被夺了插头，还受到了呵斥，很委屈，大叫着要从姥爷手里将插头夺过去。

姥爷不给，把它藏在身后，一面继续说："不能动这个，会电到你的。"

小松哪顾得了这些，绕到姥爷身后去抓插头，祖孙俩拉扯着，互不相让。

小松开始大哭。

我也上前帮忙劝小松："宝贝，这个不能动，会电到你的。"

小松不听，挥舞着小胳膊，依旧大哭。

我开始心软了，觉得直接拒绝孩子也不是个办法，想到他已经两岁了，可以听懂一些道理。

于是，我从父亲手中拿过插头，递给小松，给他做示范，稳稳地拿着电线与插头连接的绝缘部分插进去。

折腾了这么长时间，小松也知道了不能乱来，就乖乖地听我的话，拿住那个绝缘部分，开始插进插孔，脸上还带着泪。

从那以后，我偷偷地将家里离地较近的插座孔都用透明胶带贴了个严严实实。

如果年幼的孩子接触了危险品如刀具、火源、电源等，父母只是简单粗暴地拒绝并呵斥他，这常常会造成孩子的逆反心理，还可能让孩子以后对这些物品产生恐惧。

比较好的办法是，对较小的孩子，如三岁以内的孩子，父母要将危险品尽量放在孩子接触不到的地方。

对于稍大些的孩子，父母可逐步告诉孩子这些物品的危险性，并教给他如何规避危险，正确地使用这些物品。

小松一岁半快两岁的时候，有一次无意中发现了放在茶几上的打火机。

那个打火机是一只小金鱼的外形，金黄色，鱼鳃旁边是开关，金鱼嘴里可以喷出火，这是一次买酒时的赠品。

小松看到金鱼的样子很喜欢，就顺手把它拿在自己手里。以小松的力气，他能比较容易地打着火机。如果他这时学会了打火，就可能会有安全隐患。

丈夫看见儿子拿起打火机，马上要上前去夺。我用眼神制止了丈夫，走到小松旁边，蹲下来。

"小松，这个是什么？"我指指他手里的打火机问。

小松说话还不太利索，他不知道这叫打火机，抬头看着我，不说话。

"这叫打火机。小孩玩打火机会很危险，烧到你身上会很疼，然后小松就会哇哇大哭，还要去打针呢。"

我一边耐心地说，一边用手势和动作表演给他看。

大概是想起了打预防针时的疼痛，小松开始犹豫着要将打火机递给我。

忽然，我想起小松很喜欢看《巧虎》，几乎每天都要看上一会儿，于是我对他说："小松，我们一起看《巧虎》好不好？"

"好。"小松爽快地答应了，顺手把打火机递给我，然后跑到电视机前，打开DVD和电视屏幕，很顺利地打开了《巧虎》的光盘，开始高兴地看了起来。

小松小时候喜欢看《巧虎》，但有时候看起来没完没了，这让我有些头疼。

他三岁的时候，有一次一张接一张地看光盘，一直看了快两个小时。我真担心他这样看下去会看坏眼睛，还会养成坏习惯。

我走上前，温和地对他说："小松，看多了电视会伤眼睛的，你的眼睛坏了，以后就看不了《巧虎》了。"

小孩子才不管以后呢，他只要眼前的快乐，所以他想都没想就拒绝我说："不，我要看。"

"小松是乖孩子，乖孩子不会总看电视，《巧虎》是不是这么说的？"我启发他。

他一手推开我，眼睛仍旧盯着电视屏幕，懒得搭理我。

小语这时走过来，她小大人一样地说："小松不是好孩子，我把电视关了。"说着，啪的一声将电视屏幕关掉。

"不，不。"小松带着哭腔喊，并马上从沙发上跳下来，跑到电视机前又打开。

此时，我大声招呼小语："小语，来，我们玩踢球的游戏喽。"说完快速拿来一只皮球，拉着小语一起玩了起来。

踢皮球是那时小松最喜欢的游戏，他见我和小语玩得如此开心，也哒哒哒地跑来了，电视都没有关。

我笑了，趁机过去关了电视屏幕和DVD机。

第八章 如何对孩子说"不"——拒绝孩子的说话艺术

如果孩子在做你不希望他做的事情时，你简单粗暴地拒绝常常是无效的，尤其是对处于第一、第二逆反期的孩子。

拒绝孩子做某事，你要尽量采用委婉的方式，比如通过与孩子商量放弃做该事，或利用孩子更感兴趣的其他事情来吸引他。

别再给我惹事，行不行？
——了解事情原委再下结论

在面对孩子的"问题"时，我们如果没有弄清楚事情的真实原因和经过，就主观地下结论、意气用事地进行处理，这往往会使得亲子沟通和家庭教育走向失败，还会伤害孩子。

小松曾是个很淘气的孩子，尤其是在小学四五年级的时候，常常惹事。

曾有一次，因为小松打架，我被老师"请"到了学校。曾当过教师，现又从事教育咨询工作的我被老师"请"，感觉很没面子。

在我来学校之前，班主任已经批评了小松，并让他写了一份检查。

但老师说小松有点不服管教，还不时和老师顶嘴，似乎打架打得理直气壮。

在回家的路上，小松依旧撅着嘴，一副闷闷不乐、很不服气的样子。

我没有理会他的委屈，继续对他进行"思想教育"。情绪来了，我就将教育原则、教育方法之类的抛诸脑后了。

"你以后给我老实点，别再给我惹事，行不行？"

小松突然抬起头，生气地说："你们都没问问我为什么打架，就这么批评我……"

"不管你因为什么打架，都是不对的。"

"今天我打架是因为那个同学骂我，我告诉他不要骂人……"小松跟我解释。

"你不要跟我解释。"想到自己做教育工作，却没有教育好自己的儿子，我心里有点火。

小松从来没有见过我这么凶的样子，他闭嘴不说了，自顾自地走到前面去，甩开了我。

第八章 如何对孩子说"不"——拒绝孩子的说话艺术

一晚上,小松除了吃饭,其他时间他都待在自己的房间里不出来。

忙完了所有家务,我开始静下心来分析小松打架这件事。

难道我和老师冤枉了小松?他为什么那么不服气?他打架的原因和真相是什么?一连串的疑问不断地在我脑海里翻腾着。

职业的责任感提醒我,不能断然地处理孩子的问题,必须了解事情的来龙去脉、前因后果再采取措施。

我决定找小松好好谈谈,听听他的真实想法和感受,了解事情的经过。

走到小松房间的门边,我轻轻地敲了一下门,没有应声。

我推开了门,发现小松房间的灯亮着,而小松则和衣躺在床上,已经睡着了。

我蹑手蹑脚地进了房间,帮小松盖好被子,准备关灯离开,想等明天一早再处理这件事。

就在我转身离开的时候,我发现了书桌上有一张纸条,上面写着他打架的经过。

我果然冤枉了他。

原来,小松在告诫那个男孩不要骂人之后,男孩非但没有听从他,反而挑衅地说:"你想找架打,是吧?我手痒了,正想找个人练手呢。"说着就朝小松挥起了拳头。

小松躲闪不及,又不能制止对方打架,只得奋起"自卫",结果两人就扭打在了一起。

思考了一会儿,我坐下来,在纸条的反面写下了这样的话:"小松,妈妈和老师都错怪你了,对不起。你自卫是对的,我支持你。在无法避免暴力的情况下,可以动手,但不可出手太重,千万别伤了自己,也别伤了别人。更重要的是,你可以采用其他方式解决这个问题,比如,趁机逃跑,避免打架;找个合适的时间再和那个男孩谈谈,或者寻找机会找老师,让老师帮助处理这样的问题等。"

我写好了,放在小松的书本上面,悄悄地退出了房间。

我心想,找机会还要和小松继续讨论这样的问题,因为这是他的生活中难以避免的事情。

孩子无论做什么事情都有他的理由，你不要在不了解事情之前，就只从成人的角度臆断孩子的行为，采取错误的教育方式和措施。

这样的例子在小松的小学时代还有一次。

那一天，丈夫洗漱完毕，吃好早饭，准备去上班。

就在他习惯性地想要从书桌上拿手机放进衣兜的时候，突然发现自己的诺基亚手机不见了，而另外一部手机还在。

他每天晚上都会把两部手机放在书桌上，第二天早上上班前吃好早餐再把手机放进衣兜，这成了他的下意识动作。

他找来找去找不到手机，招呼我也加入了找手机的行列。

突然，他质问还在吃饭的小松："是不是你小子给我藏起来了？"

小松很喜欢玩他爸爸的诺基亚手机，那段时间他也多次搞过恶作剧，并藏过爸爸的手机。

爸爸断定就是小松偷偷地玩他的手机，并给他藏了起来。

"快给我找出来！"丈夫有些怒了。

"我真的没藏你的手机。"小松辩解。

因为今天有业务要洽谈，丈夫着急要走："不是你干的谁干的？等晚上回来再收拾你。"

"冤死我了！"小松大叫。

果然，当丈夫到了店里以后才发现，他的手机正躺在自己的办公桌上。但因为昨天事情太多，晚上又没有用手机，他将此事忘得一干二净。

如果你没有耐心听孩子诉说，没有了解事情的经过，就根据以往的经验，对孩子的行为做出判断，就容易失之偏颇。而这样做的结果，会冤枉孩子，伤害孩子，会使亲子沟通受到阻碍。

✺ 你看看，沙发脏了，怎么办啊？
——对孩子说出你的感受和期望

如果父母想拒绝孩子做某事，可以通过表情和语气，或者通过语言，明确表达自己的感受和要求。

我家的电视柜格子里放着不倒翁、木质小玩偶等小玩意，还有漂亮的水晶、琉璃、陶瓷等工艺品。

有一天，2岁的小松一个人开心地在卧室、客厅、厨房几处来回跑着、叫着，跑到客厅的时候，他突然穿着鞋子爬到了米色沙发上。

爬上去之后，他站起身并转过来，正对着电视柜，恰巧看到电视柜格子里那些工艺品，这些东西他站在地上基本看不到。

"妈妈，好漂亮啊。"他指着电视柜的工艺品冲我喊。

正倚靠着卧室门翻阅杂志的我微笑着看他手指的方向。

接着，小松爬下沙发，又爬上去，如此反反复复。

不一会儿，我发现了布制的米色沙发套被弄得脏污一片，黑色的小脚印清晰可见。

我放下杂志，一把拉住了小松："小松，你看看，沙发脏了，怎么办啊？"

小松不理我，要挣脱胳膊继续往沙发上爬。

我没有松开他，皱紧了眉头、做出很生气的样子，对他说："你这样做，妈妈很生气。"

看到我的表情，小松的动作有些犹豫。

"你看看，沙发这么脏，洗不掉了。妈妈真的很生气。"我继续说，仍然绷住脸。

大概是我严厉的表情让小松害怕了，他像突然明白了什么，挣脱我跑进洗手间，扯来一条毛巾，放在沙发上用力地擦了起来。

此时，我被小松笨拙的举动感动了，刚才的不快一扫而光，虽然沙发上那些清晰的脚印难以清除干净。

孩子都希望讨父母的喜欢，尤其是年龄小的孩子，父母的表情和语气、父母对某些事情表现出的好恶，常常对孩子是一种指令。

如果你告诉孩子"你这样做，我很生气，我不希望你这样做"，为了让父母喜欢自己，孩子大多会收敛自己的不当行为。

有一天，已经到了晚上8点，还不见小语的踪影，往常她不到6点钟就到家了。真担心她出什么意外。

等到此时，我们都按捺不住了。于是，丈夫先去寻找小语了，我则拿出电话本，挨个地拨打小语的同学、老师的电话，还有认识小语的我朋友的电话。

小松也拿着我的手机，询问可能认识小语的他的同学有关她的消息。

打了一圈电话，没有任何线索。我心里慌了：这么晚了，这孩子不会出事吧。

我吩咐小松："你守在家里，继续打没打过的电话，小语到家后立即给我和你爸打电话。"

看到我焦急的模样，小松也不轻松。

在电话中得知，丈夫去了小语的学校周围等地寻找，我就在家附近的一些网吧、商场、小吃店等小语可能去的地方寻找。

不知不觉已过了两个多小时，路上行人渐渐稀少。我一边在大街小巷、商店、饭店等地穿行着，一边大声呼唤着小语的名字。

转了大半天，腿酸软得已没有力气，脚也磨出了泡，痛得无法挪步，凉爽的秋夜里我竟出了满身的汗。

这时，我接到了丈夫的电话，说小语已经到家。

我疲软地想要倒下去，心里腾起一股火，想要狠狠地教训小语一番。

第八章 如何对孩子说"不"——拒绝孩子的说话艺术

等我回到家,丈夫正在生气地训导小语。

我劝了劝丈夫,悄声对他说:"我来处理。"然后转身,忍着怒气,问小语:"今天晚上怎么回事?"

沉默了很久,小语嗫嚅道:"我跟同学一起去吃肯德基,然后去唱了一晚上的歌。"

深吸了一口气,我问小语:"为什么不告诉我们一声?为什么不早一点回家?"

小语不说话,似乎觉得自己很无辜。

"你知道我们多担心你吗?现在社会这么乱,你一个女孩子,晚上外出多不安全!"

"我跟两个男同学、一个女同学一起去的,有什么不安全的。"小语辩解说。

我尽量压住怒气,说:"你和同学去吃肯德基、去唱歌,我不反对,为什么事先不跟我们打声招呼?你知道我们为了找你,一晚上打了多少电话,跑了多少路,担了多少心啊。"

小语低着头,不说话。

我坐下来,沉默了好一会儿。

表针已指向晚上11点,我觉得自己平静了许多,就对小语说:"你不知道晚上外面不安全吗?尤其是对于少女。你该回家的时候没有回家,我们非常担心你会出事,会遇到意外,你知道吗?至少,你应事先给我们打个招呼,让我们知道你去了哪里。知道了吗?"

小语开始意识到了这件事情的严重性,低声说:"知道了。"

"洗洗去睡吧。"我头也不抬地对小语说。

拒绝孩子做某事,父母要说出自己的感受和期望,告诉他,"你这样做,我很难过,我很失望",告诉他自己期望他怎样做。

否则,孩子仍体会不到父母的苦心,仍可能会重复原来的做法。尤其对于那些特别在意父母态度的孩子,这种拒绝方式更有效。

小孩子不能化妆
——对孩子讲出做事的条件

拒绝孩子，父母可以告诉他做某事的时间条件，告诉他这件事不是不可以做，只是这个时候不可以做。

小语4岁的时候，我带她去过她姑姑家一次。

小语的姑姑是个喜欢化妆的女人，她家的梳妆台上摆满了各种各样的化妆品。一到姑姑家，小语就对这些瓶瓶罐罐产生了好奇。

见小语如此好奇，姑姑坐下来，要为小语化妆。

"来，小语，姑姑把你打扮成一个超级小美女。"姑姑把小语拉到了自己的眼前，真的开始为小语化妆。

见状，我赶忙制止她姑姑："小孩子不能化妆。"

小语的姑姑抬头对我说："哎呀，嫂子，没事，女孩子就要化妆才好看嘛。"

我心中不悦，但不好强硬拒绝，随她们好了，心想又不是天天都化妆。

我独自去了客厅看电视。

一会儿，小语和姑姑出来了。化了妆的小语确实漂亮多了，真的是个超级小美女。

此时的小语已经是个爱美的女孩子，她一次次地跑到镜子前，得意地看着镜中的自己，一直到回家，她都舍不得洗掉脸上的妆。

从这一天开始，小语就总是缠着我给她化妆，还常常打开我的手提包、抽屉，拿出口红、眉笔等，自己胡乱涂抹一番。

我自己很少化妆，更不同意孩子化妆。

于是，我多次跟小语说，"化妆是大人的事情，等你长大了就可以化妆了，再说，小语不化妆更漂亮啊。"

这样的话听得多了,几天后,小语就不再提化妆这事,也不再翻我的包找口红了。

有时,我抹口红的时候会逗她说:"小语,抹点口红吧。"她会很认真地跟我说:"等我长大了再化妆。"

小松小时候有一辆电动玩具汽车,跑起来有时有音乐声,有时有喇叭声。每当玩具汽车放音乐或者鸣喇叭的时候,小松也常常跟着大声哼唱着、叫喊着。

有一天中午,丈夫从外地出差回来。因为好多天没有休息好,回到家他饭都没吃,洗了洗就倒在床上睡下了。

刚刚吃过午饭,小松又一次拿出他的电动玩具汽车来玩。他双手拿着遥控,打开开关,汽车就呜呜地在客厅的地板上跑了起来。

小松像个将军一样操纵着电动汽车,一会儿是音乐声,一会儿是喇叭声,夹杂着他快活的喊叫声。

那声音可以穿透客厅,直达卧室。我猜想,熟睡中的丈夫一定能够听到这刺耳的声音。

想到这,我立即走到小松面前,闭紧嘴唇,把右手食指竖在嘴巴前,示意他不要出声。

小松停止喊叫,但电动汽车的音乐声还在响,那声音也很大。

"爸爸在休息,这个时候你大喊大叫和玩具汽车发出的声音会把爸爸吵醒的,爸爸休息不好会生气的。"我小声对小松说。

小松想了一会儿,有些迷惑,继续操控着电动汽车。

我继续说:"在别人休息的时候,我们不要弄出很大的声音,否则人家会休息不好。我们等爸爸不休息的时候再玩电动汽车好不好?"

小松明白了我的意思,乖乖地关掉了电动汽车。

"来,我们到这边来画画好不好?这样就不会吵到爸爸了。"为了不打击小松的热情,我提议一起去画画,这也是小松很喜欢的。

小松乖乖地跑了过来。

很多事情，并非什么时间都可以做，父母要让孩子明白这一点。

明白了什么事情什么时候可以做，什么时候不可以做，孩子就容易听得进父母的劝告。

小语小时候非常喜欢吃葡萄。

夏季正是葡萄大量上市的季节，我每次去市场买菜，小语都嚷嚷着要跟我一起去，而且每次都要我买一些葡萄。

小语4岁的那年夏天，有一段时间她患了腹泻。

为此，我决定暂时不再给小语葡萄吃，以免腹泻加重。

可是小语仍念念不忘地要吃葡萄："妈妈，我要吃葡萄，你给我去买葡萄。"

"你现在拉肚子呢，拉肚子不能吃葡萄。等你不拉肚子的时候再买葡萄好不好？"我劝小语。

"不嘛，我就要现在吃葡萄。"小孩子不会想事情的后果，她只顾满足当前的欲望。

孩子的健康不容忽视，我不能因为孩子的撒娇而心软。

于是，我上网找了一些人因拉肚子而打针、吃药等痛苦的图片给小语看，同时晓明厉害地对小语说："你看看这些哥哥、姐姐、叔叔、阿姨，就是因为吃多了凉的东西，结果拉肚子了。拉肚子还要打针、吃药，打针疼不疼？"

"疼。"

"吃药苦不苦？"

"苦。"

"吃多了葡萄，拉肚子就会更严重，到那时你想吃葡萄都吃不了了，因为肚子太疼了，不得不去打针、吃药。"

小语看看图片上那些人痛苦的表情，又看看我，似有所悟。

过了一会儿，小语对我说："妈妈，我不吃葡萄了。"不知道她是想起了打针的痛，还是吃药的苦，还是别的什么。

一件事情，什么条件下孩子可以做，什么条件下不可以做，父母要让孩子明确这一点，逐步帮助孩子建立做某些事情的规则。

这样，孩子才会有明确的方向。

爸爸，我想要那样的头花
——说出拒绝孩子的理由

拒绝孩子时，一定要说出拒绝的理由，这样孩子才能了解其中的缘由，也才能真正按照你说的做。

在我小时候，有一件事情让我至今记忆犹新，那件事曾让我在心里记恨了父亲好多年。

那是在母亲刚刚去世不久。

有一天，父亲带我去镇上办事。

在去镇里的路上，我看到一个跟我一般年纪的小姑娘，头上戴着一个头花，红得耀眼，煞是好看。

那个时候，我羡慕极了那个女孩，很想也有那样一个头花。

于是，我指着那个女孩的头花对父亲说："爸爸，我想要那样的头花，你给我买一个吧。"

父亲抬眼看了看那个女孩，有一会儿，他没有说话。

"爸爸，我想要嘛。"我撒娇道。

"爸爸今天没带钱，等下次来镇上的时候给你买。"父亲一会儿对我说。

自那以后的每一天，我都回味着那个美丽的头花，盼着父亲再一次到镇上去，幻想着自己戴上头花的幸福模样。

后来，父亲又多次去了镇上，我也多次提醒他给我买一个头花，但很多次他都说下一次下一次，最终没有给我买来。

从那以后，我对父亲充满了怨恨，常常对着他发脾气。

后来，我才知道，那时候，因为母亲刚刚去世，家里已经债台高筑，连吃饭的钱都是跟人借的，哪有闲钱买填饱肚子之外的东西啊。

如果父亲当时跟我解释清楚理由,也许我会放弃买头花的要求。那样虽然我会难过,但我不会再坚持,也不会和父亲闹得不愉快。

丈夫对待小语和小松有时比较简单粗暴,比如,拒绝孩子做某事,他常常只是简单地、不讲明理由地拒绝。

小松读小学的时候,经常和邻居家壮壮玩一种叫"斗鸡"的游戏。

这种游戏的规则是:双方都屈起一条腿,另一腿站立,用膝盖去顶对方的膝盖,谁先支持不住或被对方顶倒,谁就输了。

丈夫有一天下班回家,发现小松和壮壮在玩这个游戏。

看起来,他们两个都憋着一股劲想要打倒对方。两人从离对方很远的地方起步,单腿跳着向前"冲刺",这样的撞击力是很大的。

丈夫见两个孩子这么"野",就大声喝住小松:"小松,回家,别玩了。"

"再玩一会嘛。"听到父亲严厉的喊声,小松放下屈起的那条腿。

"回家。以后别玩这种游戏了。"丈夫的严厉镇住了小松,他只得乖乖回家。

"以后别玩这种游戏,知道吗?"进了家门,丈夫又一次跟小松说。

"为什么啊?"小松很迷惑。

"不为什么,就是不能玩。"丈夫回答。

后来,我才知道,因为丈夫小时候玩过这种游戏,结果把另一个小伙伴顶到地上腿摔折了,让家里花了一大笔钱给人医治。

这件事成了丈夫的一个阴影,他认为这种游戏是危险的,以后再也没有玩过,所以现在也不许小松去玩。

很多时候,父母要拒绝孩子继续去做某事,往往只是简单地拒绝孩子去做,却不告诉孩子为什么不能去做,或者告诉孩子一个虚假的理由。

此时,孩子常常会很迷惑。如果没有跟孩子说清楚拒绝的理由,你的拒绝往往并不能真正阻止孩子,还可能会让孩子产生逆反甚至怨恨的心理。

小松小时候非常喜欢看电视,每次看电视,他都要眼睛一眨不眨地盯着电视屏幕。如果不加劝阻,他可能长达两个小时、三个小时没完没了地看。

那一天,我从幼儿园里把小松接回家,就去忙总也忙不完的家务。

小松见我只顾忙自己的事情,就索性打开了电视,一个人乐陶陶地看了起来。

见他如此,我也乐得清净,正好可以专心忙自己的事情。我有一大堆衣服要洗,房间要收拾,垃圾要清理,一会儿还要做好一家人的饭菜。

我做好了饭,丈夫也带着小语回家了。这段时间,小语经常在放学后先去爸爸的体育器材店写作业,然后跟爸爸一起回家。

小松一直很安静地看着电视,那种专注的神情,让我有些担忧,这样下去眼睛怎么受得了。

我暗暗自责,刚才只顾着忙,没顾得上小松。

"小松,把电视关了,别看了,要看坏眼睛的。"我制止小松说。

小松没有反应,依然盯着电视屏幕。

"小松,你今天看电视已经很长时间了,这样下去,你的眼睛会坏掉的。如果你的眼睛坏掉,就再也不能看电视了。"我蹲下来,对小松说。

小松看看我,想了一会儿,没有说话。

"我们先把电视关掉,让你的小眼睛休息一下。不然你的眼睛就慢慢坏掉了,眼睛坏掉,再看电视就很困难了。"我重复了一次刚才的意思。

"吃饭喽,小松是妈妈的好帮手,来,帮我拿碗筷。"我吩咐小松。

小松只得乖乖地跑去了厨房。

拒绝孩子，一定要跟孩子讲清楚拒绝的理由，让孩子明白为什么不可以这么做。

讲清楚拒绝的理由，可以避免孩子因为心里不服或者迷惑不解而抗拒父母。

解释要得当，拒绝的理由当然是真实的最好，哄骗、谎言往往并不能达到有效拒绝孩子的目的。

今天不买玩具，只是玩
——拒绝孩子时不能妥协

做父母，很多时候需要心肠"硬"一点。如果拒绝孩子，就要将这种拒绝进行到底，不可因为孩子的哀求而妥协。

小松4岁时的那个暑假，小语去了奶奶家，小松由我带着。

有一天，我带小松去公园玩。

小松的玩具已经有了一大堆，他们姐弟俩的玩具占了满满三大储物箱。

每次带小语或小松出去，我基本都会事先和他们商量好，今天出去可以玩多少钱的游乐项目，可以买多少钱的玩具等。

这一次也不例外。

临出门前，我问小松："今天我给你一百块钱，你是用这些钱玩游乐节目呢，还是买玩具呢？"

"我要玩，不买玩具。"小松想了想说。

"那咱们约好了，今天不买玩具，只是玩。"我重复了一遍小松的意思。

小松点点头。

一会儿，我们准备妥当，出发了。

到了公园，小松像是撒欢的小野马，四处跑着，这个想玩玩，那个想玩玩。

我让他自己选择想玩的项目，每玩一种项目，我都告诉小松花了多少钱，还剩多少钱。

就这样，小松玩了环山水战车、水上漂流、穿越时空、自控飞机等七八个项目，一百块钱就花了个精光，时间也不知不觉过去了大半天。

到了该回家的时候。

第八章 如何对孩子说"不"——拒绝孩子的说话艺术

忽然,小松的眼睛被附近玩具店外面摆放的漂亮玩具吸引住了。

小松快速地跑过去,拿起水桶里的一只水枪玩了起来。

孩子常常会因为新奇而要玩具,有时会软磨硬泡,央求父母给他买下他喜欢的玩具。

尽管我和小松已在家里约好今天不买玩具,但孩子怎能禁得住新鲜有趣的玩具的诱惑呢?加上售货员的三寸不烂之舌,我担心自己突然心软,违背了和孩子最初的约定。

小松在近旁玩着水枪,售货员站在他旁边,我则离开小松,远远地看着他。

"妈妈,这个水枪很好玩,我要!"小松大声叫着。

"小朋友,喜欢吗?你看,这里还有孙悟空呢。"售货员蹲下来,对小松说。

"喜欢。妈妈,我要这个。"小松抬起头对我喊。

"孩子喜欢就给他买一个吧,做妈妈的就该舍得为孩子投入。"售货员在一旁帮腔。

我有些反感售货员的话,没接她的话茬。

"小松,我们不是约好了吗?今天不买玩具。"我对小松说。

"不嘛,我要这个。"小松开始撒起娇来。

"我们在家约好了的,今天不买玩具。"我不为所动,始终坚持自己的原则。

小松玩了一会儿,见我始终不掏钱给他买,他就闷闷不乐地放下了水枪。

见状,我赶紧说:"小松,来,我们去看看那边在干什么。"

闻听此言,小松赶紧跑过来,我们向着前面聚集在一起的人群走去。

拒绝孩子,是很多父母难以做到的事情。尤其是孩子可怜巴巴地反复提出自己的要求时,父母最容易心软,并放弃自己的原则。

但是,你一定不能妥协。否则,孩子可能会认为撒娇或耍赖等手段是达到目的的"有效"的方式,就会常常使用这种方式,迫使你满足他的需求。

一个朋友曾跟我抱怨,她的儿子,一个4岁多的孩子,在家里很会"见风使舵"。

原来,这个朋友一家三口与公公婆婆住在一所大房子里,他们小两口上班,老两口就将照顾小孙子的重任承担了起来。

一个冬天的早上,天冷得刺骨。

小宝还躺在被窝里,摆弄着自己的小玩具枪。忽然,他想起了昨天见过的小伙伴辛辛的新式玩具枪,比他这个要大得多、好玩得多。

"妈妈,我要一个辛辛那样的枪。"小宝大喊。

"什么枪?你这不是有一个枪吗?"妈妈不知道辛辛那样的枪是什么样的。

"我要辛辛的那个大枪。"小宝继续大喊。

另一个房间的奶奶闻声赶了过来。"怎么了?"奶奶问。

"他要人家辛辛那样的枪。"朋友跟婆婆说。

"哦,你要那样的枪啊,我们没有啊。"奶奶说,她昨天带孙子在外面玩的时候,见过辛辛那种玩具枪。

小宝已经有了大大小小四五个玩具枪,朋友不想再给他买了,就说:"你有那么多枪了,不能再要了啊。"

"我就要。"

"不行。"

"我就要嘛。"见奶奶在这儿,小宝开始耍赖,这是他迫使奶奶就范的"高招"。

真是隔辈亲,奶奶看不得小宝受一点委屈,就赶紧说:"好好好,吃了饭就去给你买。"

"哎呀,妈!你怎么老惯着他?"朋友责怪地对婆婆说。她又转头对小宝说:"不行,不能买。"

小宝不吃妈妈那一套,光着小身子就从被窝里爬出来,装作要哭的样子说:"奶奶,奶奶,我要那样的枪。"

"好,好,给你买。"

朋友知道自己这一次又失败了,无奈地摇了摇头。

拒绝孩子的某项要求,现实生活中两代人或夫妻双方意见不一致的情况时有发生。

还有的父母,在某种情况下会拒绝孩子,而在另一种情况下,比如孩子生病时,却又满足孩子的这种需求。

真正有效的拒绝,就是该拒绝时不妥协,不因孩子的哭闹、撒娇而妥协,不因条件的改变而妥协,更不要因为家庭成员的意见不一致而放弃原则。

我就尝一下这烟什么味的
——疏导孩子，而不是打压

对于孩子的一些错误观点和行为，你要试着理解，找出出现这些情况的原因，然后帮助孩子疏导错误观点，让他远离错误。

有一天，丈夫的朋友来我们家做客，临走，他的一盒烟忘了拿。

丈夫不吸烟，家里很少有烟。

客人走后，小松对那盒烟产生了兴趣，拿起来翻来覆去地看。

小松开玩笑似的对我们说："听说我们班有的男生偷偷吸烟，我也吸一支吧。"

我猜想他只是说着玩，就也半开玩笑地说："吸吧。"

"我真吸了啊。"说着小松真的从烟盒里抽出一支烟，从茶几下拿出打火机，准备打火。

我刚想说话，丈夫走过来了，对着小松说："你小毛孩子吸什么烟啊！给我。"

丈夫伸手跟小松要烟。

小松不给，哀求爸爸说："我就尝一下这烟什么味的。"

"尝什么尝？有什么好尝的。"丈夫也许担心小松学会吸烟变成"不良少年"，严厉地教训起了他，"你看哪个吸烟的孩子不是问题少年啊？你可别学这个啊。"

小松有些怕爸爸，把抽出来的烟又推了进去，将烟和打火机都放在了茶几上。

小松嘟囔着说："不吸就不吸呗，干吗这种态度？像要把人吃了似的。"说完生气地躲进了自己的房间。

当孩子要去做一件不当的事情时，有些父母常常只会简单地打压孩子，严厉地制止孩子。

一味地打压并不是有效拒绝孩子的方法,尤其是对于已经有了思辨能力的大孩子。

给孩子讲清楚道理,让孩子明确该怎么做,不该怎么做,这才是根本的解决之道。

有一天中午回家,见小语一脸气呼呼的样子。

"怎么了小语?发生什么事情了?"我问小语。

"今天气死我了。我们的数学老师简直是有病。本来我在认真听课的,只是那个问题一时想不明白答案,他就骂我上课不专心听讲,骄傲自满什么的……我有点生气,就解释了几句。课后教导主任找到我,让我给数学老师道歉。我又没有错,凭什么让我道歉?"

原来,今天上数学课,小语因为没答对老师的提问,老师就批评她上课不好好听讲。可能当时数学老师的情绪不好,语气很激烈,让小语很难堪,就和他吵了起来。

这一幕刚巧被在教室外巡逻检查的教导处领导看见了,后来小语和数学老师就被请到了教导处……

了解了事情的经过、起因,我理解了小语的做法。小语这孩子虽然个性强,但整体上还是个守规矩、懂礼节的孩子。

"我知道你不是故意的,老师简单粗暴的做法一定让你很生气。"为了平息小语的怒气,我安慰她说。

一会儿,等小语气消了,我对小语说:"好了,不要拿别人的错误惩罚自己了。"

我顿了顿,继续说:"不过,不管怎么说,他也是你的老师。学生尊重老师是应该的,尤其是在课堂上,所以,我们不要只是责备别人。"

小语明白我的意思,马上说:"妈,我知道了,我也有错,我以后改正。"

我笑了笑,去准备做饭了。

有一段时间,小松特别喜欢看漫画书,吃饭时间看、学习时间看、睡觉时间看,听老师说他上课时间也看,为此影响了学习。

见儿子看漫画书多了,我有时就严厉地批评他:"都什么时候了,还看漫画书?"

丈夫更绝,只要见到儿子在看漫画书,就直接给他没收了。

有时,小松急了,就生气地反驳我们:"你们真不懂时尚、不懂当今文化的潮流。漫画书就是文化,就是艺术。我不讲究吃穿,不追歌星、影星,看漫画书怎么了?"

我们一下子竟被小松说得噎住了,他的话也不是没有道理。但是,孩子自制力差,看漫画书上瘾,影响了学习等正事可怎么办?

我必须得想办法。

思考了大半天,我决定找小松谈谈。

"小松,我觉得你说得对,漫画书也是一种文化,能学到很多东西。你这么爱看书,我很高兴。"在一次晚饭后,我很真诚地对小松说。

小松有些不解地看着我,听我说下去。

"看漫画书,吸收其中的好东西,也是很不错的,希望你多学习漫画书中有益的知识。同时,我给你提几个问题,希望你认真思考一下:

"一,你这样花费大量时间看漫画书,会不会影响正常的学习?

"二,看漫画书和其他文字书,你觉得哪一种获得的知识信息量更大,对你的学习和成长更有益?

"三,漫画书中的这些词汇、语言表达对你提高写作的能力有没有帮助?

"等你想清楚了这些问题,然后自己决定是否继续看漫画书,自己决定每天花多少时间看漫画书。"

见我说得如此诚恳,小松没有说话,但也没有拒绝我的提议,而是点了点头。

从那以后，小松果然看漫画书越来越少了。

孩子犯一次错，父母不希望他再犯同样的错，但如果此时父母只是一味地对孩子进行打压，可能就会无效甚至带来相反的效果。

此时，对孩子进行疏导是比打压更有效的办法。

疏导，就是首先要理解孩子这样做的理由和情绪，然后，一步步引导孩子放弃错误的做法，采取正确的做法。

第九章

左手赞美，右手批评
——赞美让孩子进步，批评让孩子改正

你今年体质提高了，也变得坚强了
——赞美孩子要及时、具体

赞美孩子时，你的话一定要及时、具体。及时，能给孩子带来动力，让他继续保持好的行为；具体，可以让孩子知道自己为什么受到表扬，也会在这方面继续努力。

秋天的一个周日，我和丈夫带着小语去爬山。因为秋高气爽，前去锻炼的人很多。小语看到那么多人，很是兴奋，随着人流向山上走去，我和丈夫则紧跟其后。

爬了半小时，大概到了三分之一处，我觉得双腿像灌了铅，迈起步来十分费力。看看小语，只见她头也不回地正往上爬。

看到这种情况，上次爬山的情景浮现在我脑中。去年大概也是这个时间，我们带女儿来爬这座山。小语刚爬一会，就要坐下休息；到了半山腰，就说爬不动了，哭着要下山，最后在我和丈夫的多番鼓励下，女儿才慢慢挪到了山顶。

今天看女儿爬得如此起劲，我不好意思要歇息。丈夫就过来牵着我的手，借助他的力量，我继续往上走。

小语回头看我们一直落在后面，笑着说："妈妈，快点啊！"一边跑下来搀扶我。

我注意到小语往上走时，腿脚也在轻微地打颤，我知道她也一定很累。

"小语，你今年体质提高了，也变得坚强了。"我由衷地夸奖说。

"那当然，我会一天比一天强！"小语满脸自豪的神情，向前走得更快了。

孩子的举止，父母平时要多关注，发现孩子某方面有了进步，或者克服了

第九章 左手赞美，右手批评——赞美让孩子进步，批评让孩子改正

某个缺点、毛病，父母要及时表扬。这样孩子心情愉悦的同时，也会努力做得更好。

如果你无视孩子的良好表现，或者在很长时间之后，你才想起去夸奖，这会使孩子觉得做好做坏一个样，容易产生一种消极情绪，从而消极地做事，也就很难越做越好。

父母夸奖孩子不仅要及时，同时还应该做到具体。

记得小语小时候，吃饭时不是东张西望，就是拿着筷子敲打碗盘，总之是边吃边玩。我和丈夫哄劝过，也批评过，但一直都不管用，只好顺其自然了。

有一次，不知道什么原因，小语吃饭时很安静，不仅没弄出声音，而且吃得还很快，我们还没有吃好，她就吃完了。

小语下了饭桌，走到我身边，我摸着她的头说："小语今天专心吃饭，比我们都快，真是个好孩子。"

她歪着头对我说："小语以后每天都专心吃饭，天天拿第一。"

看着女儿调皮且认真的模样，我笑着说："我相信女儿一定能做到。"

此后，小语吃饭时一心一意，几乎每天都是最早一个吃完。与此同时，女儿以前吃饭时爱玩的毛病，也在不知不觉中跑得无影无踪了。

孩子小时候的许多言行举止，他自己并不能分辨出好坏。

因此，父母要想帮助孩子巩固好的行为，去除不良的举止，就要及时、具体地表扬，让孩子清楚自己哪个地方做得好，他才会更加积极用心地朝那方面去做。

周六，表妹带着儿子小飞来到我家。小语看见小飞，急忙从屋里跑出来，拉着他的手，小飞看见姐姐，也腻着姐姐亲热。

姐弟俩玩了一会，因为小语学习比较紧张，要去屋里做作业了，就让小飞去找我们，但他不愿意。小语走到哪里，小飞就跟到哪里。看到这情景，我们都上前哄劝，但小飞就是不听。

无奈，小语又和小飞玩了一小会，然后她告诉他说："弟弟，姐姐的作业还没做，不完成作业，老师会批评姐姐的。你先出去玩，姐姐做完作业再找你玩好吗？"

小飞不想让姐姐挨老师的批评，懂事地从小语的房间里走了出来。

表妹见小飞不再缠姐姐了，就夸奖他说："小飞真是个乖孩子。"

小飞不解地问："我怎么乖啦？"

"不影响姐姐学习就是乖啊。"表妹又说得具体一些。

小飞看着我们，认真地说："我不是乖，我是不想让姐姐挨老师批评。"

听了这话，我们都一头雾水，后来小语解释了，我们才知道小飞的意思。

小飞不认为妈妈的夸奖是对的，所以并不领情。

你表扬孩子之前，要清楚事情的经过，同时尽量不要用"你真棒""乖孩子""做得好"等简单笼统的表扬话语。这样夸赞孩子，收效微乎其微。

你夸奖孩子，要做到具体，孩子才知道什么地方做得好，从而朝这个方向努力；夸赞还要及时，才能增加孩子的动力，强化孩子好的行为。

妈妈，你别夸了，我都听烦啦！
——表扬孩子不可过多、过高

表扬是好的教育手段，但是表扬过多、过高，则会使孩子变得骄傲，产生负面影响。表扬时一定要实事求是，表扬才能成为孩子的动力。

每个人都喜欢听赞美的话，孩子更是如此。成绩进步、比赛获奖等时候，都渴望被父母、老师表扬。有些父母知道赞美对孩子的正面作用，就过频地夸赞孩子，甚至夸大其词。

父母本希望能激励孩子做得更好，但结果却可能事与愿违。

这天一早我来到学校，李老师已在那里了。见他独自抽着闷烟，我问他有什么烦心事。

他说："你说我这儿子吧，成绩是很好，去年中考时总分拿到了第一名，被市重点高中录取。亲戚朋友的夸奖和表扬，把孩子捧上了天，说他是北大清华的料。"

我听后说："既然这样，你还为什么烦恼呢？"

"唉！"李老师叹了口气，"你不知道，我们这样夸奖孩子，他觉得自己很了不起。举手投足之间，俨然已是北大学子，看不起周围同学，变得自负起来，迟早成绩会下降。"

听到这里，我知道了李老师因何烦忧。

孩子成绩好，父母应该表扬，但要实事求是，点到为止，不能夸大其词，不要想当然地预测孩子将会有多么了不起。

因为孩子被吹捧得太高，很容易飘飘然，迷失了自己的真正价值，从而产生骄傲的情绪，滋长自负的心理，反而会阻碍孩子前进的脚步。

其实，父母夸赞孩子，不仅不能过高，也不能过多，否则会适得其反。这点，我在表妹教育儿子小飞的身上体会最深。

有一次，表妹带着小飞到我家来玩，过了一会，小飞跑到我身边说："姨妈，我饿了，想吃苹果。"我给小飞洗了一个苹果，递给他。

小飞这孩子，从小就知道分享，有什么好吃的东西，都分给大家，这次也不例外。小飞拿着苹果，对我们所有人都让了一遍。

"儿子真孝顺，每次有吃的都与人分享。"表妹夸奖小飞说。

"妈妈，你别夸了，我都听烦啦！"

小飞一边说，一边用手捂住两只耳朵。

我看他可爱的模样，忍不住笑出了声。表妹尴尬地笑了一下。

"怎么，你经常夸奖小飞？"停了一会，我问表妹。

"是啊，我本来以为孩子会喜欢，没有想到他今天突然冒出这句话。"表妹不好意思地说。

"小飞让别人吃东西已经成为一种习惯，你就没有必要再夸奖了。老是重复相同的赞美，孩子确实会烦的。"我说。

"噢，原来是这样啊。"表妹点点头。

父母夸奖孩子，是想强化孩子的某个好行为。孩子如果做事一贯乖巧，甚至成了习惯，那么，你就没有必要再夸奖和赞扬了。

因为重复的次数多了，对孩子不仅起不到激励的作用，有时候甚至会让孩子产生厌烦的情绪。

父母夸奖孩子不要过多。要在发现孩子一种新的好行为时，或者比以前有了进步才去表扬，而且要点到为止。这样，表扬对孩子才会起到促进作用。

表扬孩子要实事求是，要减少频率，同时最好还要与鼓励相结合，这样效果会更好。

第九章 左手赞美，右手批评——赞美让孩子进步，批评让孩子改正

一个周末，小语看天气好，把所有被子都拿到外面晾晒，然后，她走到我身边说："妈妈，你看被子这样放行吗？"

我明白小语的小心思，这是要我夸奖，因为她以前从来没有主动晒过被子，所以我对女儿今天的举止还是比较满意的。

"小语今天做得很好，是个勤快的好孩子。"

小语高兴地亲了我一下，十分开心，腻着我回亲她一下。我在女儿额头上轻轻地触碰了一下，说："小语，你看咱家一星期没有打扫了，如果把卫生再搞一下，就更好啦。"

"好，我来收拾，我是个勤快的好孩子。"小语一边说，一边跑去拿笤帚。

看着女儿开心的模样，我不由自主地笑了。

父母夸奖孩子，不能过高，过高会导致孩子自负，看不起别人，也不再努力；夸奖也不能过多，过多不仅会失去应有的作用，甚至会让孩子心生厌烦。

你最好做到实事求是地赞扬，并且在夸奖孩子时，与鼓励相结合，才会收到更显著的效果，让孩子有坚持下去的动力。

其实，孩子成绩不好，我也有错啊
——批评孩子要对事不对人

批评是为了让孩子更好地改正错误，完善自身的行为。所以你在批评时，要对事不对人，重点放在引导孩子改正错误上，不要伤害孩子的自尊心。

我的邻居张大姐，不会表扬孩子，也不会批评孩子。

有一次，我到她家去串门，张大姐正拿着小军的试卷训斥儿子："这次又没有考及格，你长的是猪脑子吗？我看猪都比你有用。把猪养大了还能卖钱，养你只会让我生气……"

我听不下去了，急忙上前把张大姐拉开，劝她说："孩子考试成绩不好，你平时多辅导，把孩子落下的知识补上，他的成绩不就提高了吗？你刚才那些话，他听了会伤心的！"

"这孩子，几乎每次都考不及格，不骂不行。"张大姐听了我的话，愤愤地说。

"就是因为你天天骂，而没有采取正确的方法，孩子才一直考不及格啊。"我再次提醒张大姐。

她沉思了一会，突然拍了一下大腿说："我怎么就没有这样想过呢！以前只要看到孩子糟糕的成绩就生气，接着就会骂他。其实，孩子成绩不好，我也有错啊。"

见张大姐认识到错误，我劝她说："以后要改变教育孩子的方式。儿子有了错，针对错误进行批评，不要对他进行人身攻击，那样是侮辱孩子的人格，他不仅伤心，还会产生逆反心理，甚至出现报复行为呢。"

张大姐听了，瞪大眼睛看着我，接着用力地点了点头说："我一定遵照你所说的去做。"

我相信，张大姐改变批评孩子的方法后，她儿子的成绩肯定能提高。

孩子做错了事，你批评他，是为了让孩子知道错在哪里，让他吸取教训，以后不再犯类似的错误。

但是，许多父母忽略了这一目的。常常是孩子成绩不好，或有了不良习惯，做错了事情时，气愤地把孩子骂得一无是处，对孩子讽刺、挖苦等。这种侮辱孩子的结果是，孩子不仅不会变好，还会更加糟糕。

我曾在一本书中看到这样一个引人深思的故事：

有一个男孩，家里经济条件不好，父母每年只给他买一套衣服。

这天，爸爸从市场回家，给男孩买了一身运动服。男孩十分高兴，穿着新衣服飞快地跑出去玩，结果因为玩得忘形，把裤子刮了一个口子。

男孩回到家，他的爸爸看见新衣服破了，抄起笤帚就要揍孩子。

其实，衣服坏了，男孩也很难过。这时候，看到爸爸因为一条裤子要打自己，男孩更加伤心。

他仰着头对爸爸说："等一会再打。"说完，男孩开始脱衣服。他爸爸困惑地问："你干吗要脱衣服，想耍什么花招？"

男孩把衣服脱下，站到爸爸面前，流着泪说："爸爸，我把衣服脱掉你再打，免得衣服跟着我受打骂之苦。"

听到这话，男孩爸爸高举的手慢慢地垂了下来。

儿子的一席话，点醒了他：衣服再重要，也没有儿子重要啊。

无论孩子犯了多大的错误，无论他是有心还是无意，父母都应该只是针对事件本身去教育他，而不是对孩子进行体罚。很多时候孩子本身已经对所犯的错误感到惋惜和难过，如果再遭到父母的打骂，很可能会忘了事件本身，由此怀疑父母对自己的爱，产生自卑的心理。

批评孩子对事不对人，说来简单，其实做到很不易。我也犯过类似错误。

有次，因为我家炒菜的锅铲用的时间长了，从头上断了，我就让小语去市场给我买一个新的回来。

小语答应了，邀了朋友一起，开心地去了市场。

等到该做晚饭的时候，我问小语买的锅铲放在了哪里。她这才突然想起来："妈妈，不好了，我和朋友出去只顾转悠，忘记了买锅铲的事情！"

我一听就火了，冲着女儿吼道："我让你去市场干吗了？这点小事都办不好，真没用。"

女儿忘记了买东西，本来很懊悔，现在听我这样说，反而不内疚了，而是嘟嘴嘟囔说："我没用还让我去买，自己买去！"说完，甩手而去。

以前，女儿做错了什么，我只针对事件本身批评她，然后告诉女儿怎么去做，每次小语也都虚心地听取，很少和我顶嘴。

这次，我因为着急，说了对她本人攻击的话，引起了女儿的对抗情绪。结果，问题没有解决，还加剧了亲子矛盾，产生了亲子隔阂。

我想，如果我叮嘱她以后要把事情放在心上，然后再让女儿跑一趟市场，她肯定会很乐意，愿意弥补错误。但我说她没用，再叫她去买，她一定会拒绝。我为自己不当的话语而内疚。

父母批评孩子，是为了改善他的行为，要对事不对人，并且批评时要点到为止，不能过分强调孩子的过失。

你要把时间与精力多用在正面引导上，这样才能帮助孩子有效地纠正错误，让孩子掌握正确的做事方法。

第九章 左手赞美，右手批评——赞美让孩子进步，批评让孩子改正

我多么希望爸妈以后不要再拿我当出气筒
——批评孩子注意避免自我情绪发泄

在批评孩子时，忘记了批评的目的，导致批评成了你发泄情绪的机会，这是非常不对的。你要尽量避免在情绪不好的时候教育孩子，以免伤害到孩子，得不偿失。

一天放学后，我正准备回家，学生洋洋来到我的办公室门口。

"蒙老师，我能耽误你一点时间吗？"洋洋在门口扫了一下办公室，看只有我一个人，鼓起勇气说。

"进来坐在凳子上，有事慢慢讲。"我温和地对洋洋说。

洋洋坐下来，看了我一眼，又急忙把头低下去，小声说："蒙老师，我觉得妈妈还不如你对我好呢。她和爸爸总吵架，然后就拿我出气。不管我做得对或错，她都胡乱地把我批评一通。"

洋洋说到这里，眼泪流了出来。我轻轻地拍打着洋洋的肩膀，安抚他的情绪。

洋洋一下抱住我，大声哭着说："老师，我多么希望爸妈以后不要再拿我当出气筒，能像你这样对待我啊！那样我就感到无比幸福。"

听着洋洋的话，我的鼻子也开始发酸，决定尽快抽时间找洋洋的父母聊一聊，探讨对孩子的教育问题。希望不久之后，洋洋就能感觉到来自父母的爱与温暖。

父母如果因为生活不如意，或者工作上有压力等，而难过、烦闷，于是拿弱小的孩子出气，是非常愚蠢的做法。这不仅恶化亲子关系，还会给孩子留下难以抹去的心理阴影，并严重影响对孩子以后的正常教育。

一个周一的下午，我正上课，有一个调皮的男生，一会儿伸头与左边的同学说话，一会又伸手碰右边的同学一下，还动不动用脚去踢前面的同学。

学生几次举手向我告状，我非常生气，心里想：这孩子不仅自己学习不用心，还影响别人，打扰我正常的讲课。

我很生气，命令他走出教室，站在离教室门大概一米的地方听讲。之所以这样做，还是怕他在外面影响学生听课，也想给他一个惩罚。

接下来，一节课顺利地上了下去。

从此后，我发现这个学生对我疏远了许多。我也反省了自己的行为。孩子外向，天性调皮，并不是什么大的错误。我因为一时的气愤，让他站在教室外很远的地方，他不仅听不清讲课的内容，还被来回走动的老师看到。这对他来说，是一个很大的打击。

后来我接受了教训，不管多么生气，都会体谅孩子的心情、处境，再也没用这种极端的方式去惩罚学生。

父母和老师一样，不能无缘无故地朝孩子发火。即便孩子犯了错，也要避免自己带着情绪去惩罚孩子。

有一次，我去朋友周芬家，我们俩坐在沙发上，一边喝茶，一边开心地聊天。她的女儿艳艳在旁边写作业。

过了一会，艳艳写完了，就拿着作业本让妈妈检查。周芬看着，脸上的笑容慢慢消失，变得越来越严肃。艳艳胆怯地看着妈妈的表情，不安地搓着手。

"你是怎么做的作业，五道题目，只做对了一题。回去找个本子重写！"周芬说着，把手中的本子撕了个粉碎，扔到女儿的脸上。

我想阻止，但已经太迟。我注意到，艳艳的眼泪无声地流了出来，她怨恨地看了妈妈一眼，不敢反抗，哭着翻书包找本子，重新做作业。

"这孩子,太不让人省心了。"周芬见女儿走远,一边说着,一边给我倒茶。

"谁家的孩子不让父母操心?你撕了孩子的本子,还把它扔到了孩子的脸上,虽然你发泄了情绪,孩子心里会怎么想?孩子成绩不好,做错了题,你因此生气,我可以理解。但因此教训女儿,伤她自尊,你觉得这是在教育孩子吗?"

我压低声音对周芬说,生怕孩子听到。

周芬听完我这番话,眨巴着眼睛认真想了一下,说:"唉,还别说,你讲得是有些道理。只是,看孩子做错题,我的火就往头上涌,不管三七二十一,把她批评一顿,都成习惯了,也没有想过有什么不对。今天你这么一说,我还真发现了自己的问题。"

"既然发现了问题,就应该及时改正,帮助孩子解决问题,不要再伤害她的心灵。"我说完这些话,起身告辞。

父母生气时,一定不要拿孩子发泄不良情绪。

不管孩子犯了多大的错误,你所采取的批评或者惩罚手段,都应该以使孩子变得更好为唯一目的,而带着情绪去惩罚,是不能做到这一点的。

在孩子犯错的时候,你也要控制住自己的负面情绪,时刻想着教育孩子的目的,选择最佳的方式,避免孩子受到伤害,这样才会收到良好的教育效果。

算了,别吃饭了
——批评孩子要注意时间和场合

对孩子来说,受到批评并不是一件光彩的事情,所以你在批评的时候,要注意时间和场合,不要伤害孩子的自尊心。

一个周日的早上,表妹带着小飞来我家玩。眼看到了中午,表妹要走,小飞有些不情愿。我劝表妹留下来,大家一起包饺子吃。

小飞爱玩好动,吃饭时从碗里夹了个饺子放在嘴里,鼓着腮帮子一边嚼,一边拿筷子把自己碗里的饺子往小语碗里夹。

小语嫌小飞吃剩下的脏,端着碗往一边躲,我和表妹都劝说小飞,他不听,伸着手往小语身边凑,一不小心,自己的碗摔到地上打碎了,饺子摔得满地都是。

"怎么说你就不听呢,把碗打碎饺子弄撒才舒服啊,算了,别吃饭了。"表妹生气地说。

"哇"地一声,小飞大哭了起来。

表妹不理他,继续吃饭。

我急忙去哄劝,并重新给小飞盛了一碗饺子,哄着让孩子吃。

小飞哭得上气不接下气,虽然十分喜欢吃饺子,也没有动一下筷子。表妹看着心疼,也去哄儿子,但无论怎么哄劝,小飞脾气很犟,没有再尝一口,还一个劲地哭。

表妹后悔在饭桌上批评了孩子。我看着孩子伤心成那样,心里也很难过。

孩子即便犯了错误,你也尽量不要在吃饭时批评他,因为这样会让孩子难过,会拒绝吃饭。即便吃饭,也会使孩子带着阴影,影响他的食欲和健康。

同时,你还要避免在早上批评孩子,那样他有可能一天都不开心;也不能在临睡觉前指责孩子,这会影响孩子的睡眠,对他的健康不利。

孩子做错了事,你批评孩子,要注意避开特定的时间。同时还要注意场合,尽量不在他人面前责备孩子。

因为这样做,孩子觉得丢了面子,即使知道自己不对,也会公然与你作对。

有次,我班最顽皮、霸道的学生军军,因为一点小事,拿起板凳把另外一个学生打伤了。为此,我叫来军军的爸爸,把事情的前后经过告诉了他。

军军的爸爸一听,上前踢了儿子一脚,嘴里还骂道:"不争气的东西,天天惹事,我打死你。"

我急忙上前拉着,同时转头看军军。只见他上前一步,来到爸爸的面前,仰着脖子说:"来,继续打啊,厌烦我是吧,那就把我打死好啦。"

军军的爸爸没有想到儿子给自己来这一套,想打,又下不去手。一是舍不得,二是担心真惹恼了儿子,怕他做出傻事,心里很后悔踢了儿子那一脚。

孩子无论大小,都有自尊,都要面子,不愿在他人面前丢脸。

所以,孩子如果在公共场合犯了错,你要尽量用暗示或者手势、神情等无声的语言,来提醒孩子,然后再私下里进行批评、教育。

即便孩子没有理解,你也不要当众批评,否则有可能让自己和孩子都下不了台。

你在公开场合指责、打骂孩子,极易让孩子变得自卑。

有次，我去市场买菜，在路上碰到了好朋友周芬，她带着女儿艳艳去公园。

"艳艳，叫阿姨。"周芬拉着女儿说，艳艳却低着头向后缩。

"艳艳，平时见我都很亲热，今天怎么这样啊。"我说着，朝艳艳走去。

她抬头看了我一眼，在两人目光接触的刹那，她迅速地低下头，朝后又退了一步，小声地叫了声："阿姨"。

我正困惑艳艳怎么变成了这样，忽然想起上次我到周芬家去，她把本子撕碎，当着我的面，扔到了女儿脸上的事情。

这件事情，我很快忘记了，若不是看孩子这样的神情、状态，很难再想起。

周芬也不理解孩子这种行为，责怪道："这孩子，怎么越长越不懂事了。"

"我要去买菜了，你们赶快去玩吧。"我及时打断了周芬，生怕她再当着我的面，说出伤孩子的话。

当着他人的面责备、打骂孩子，让孩子觉得尊严扫地，面子丢尽。那结果是他或者会对你心生怨恨，与你顶撞；或者会失去自信，变得自卑，甚至自暴自弃。这些后果，都会严重影响孩子的身心健康。

因此，你批评孩子，不仅要选择时间，还要注意场合，照顾到孩子的面子。这样做，孩子才会心生感激，愿意接受你的批评，乐意改正错误。

妈，我今天累了，躺着看舒服一些
——批评孩子要抓住时机

孩子出现问题，你要先判断孩子出现问题的原因。原因清晰的，要抓住时机立刻批评，这样能帮助孩子及时改正；原因不明的，要弄清楚原因再批评。

一个周六，我从商场回家，赫然发现小语正躺在床上看书。我立即走上去，从女儿手中抽掉书本。

"妈妈，你干嘛啊？"小语不情愿地坐起身问。

"平时我是怎么叮嘱你的，让你不要躺着看书，眼睛离开书本一定的距离，就是担心你的眼睛会近视。以前做得挺好，今天怎么没做到？"

"妈，我今天累了，躺着看舒服一些。这样一次也不会把眼睛看近视的，是吧？"小语说着，就伸手夺书本。

"要看起来看，要想休息就专心休息，绝对不能躺在床上看书！我就坐在这里看着你。"我说完，把书放到桌上，坐在床边。

小语看我来真格的了，慢慢地靠了过来，搂着我的脖子说："妈，你别生气啊，看我都这么大了，哪还用你看着啊，我现在就下床看书。"

说完，小语下地穿鞋，然后走到桌边坐下，认真看了起来。

孩子出现了小缺点、毛病，父母及时批评，并且立即纠正，这样孩子容易记住，下次重犯的可能性会减少。

如果事后再指责孩子的不是，这种秋后算账的做法，有翻旧账的嫌疑。孩子会反感，而且有可能已经不记得曾经发生的事情，所以效果就会大大降低。

事实上，孩子犯错的时候，父母应该根据情况区别对待，并不是每次都是当时批评效果才好。

记得有一次，班里有两个学生，是同桌，在课堂上因为争桌子面积吵了起来。两个孩子各说各理，都感觉十分委屈，情绪十分激烈，甚至要打起来。

如果这时候我批评他们，不仅耽误上课的时间，也很难收到效果。

于是我说："好了，不管谁对谁错，先把课上完，放学后再到我办公室理论。"两个孩子安静了下来，专心听课。

放学后，他们如约进了我的办公室，已经没有了课堂上盛气凌人的架势。

我让两个学生坐下，然后对他俩说："我先不问你们谁对谁错，在课堂上争吵，影响全班同学听课，你们觉得对吗？"

两个孩子耷拉着头，齐声说："老师，我知道错了，以后不再犯这样的错误。"

接着，我问两个孩子是谁先吵嚷起来的。矮个的学生说："老师，是我，我错了。"

高个的学生见同桌认错了，急忙接过话说："老师，我胳膊超过了中间线，我也错了。"

见两个孩子互相认错，我很欣慰，让他们彼此朝对方道歉。两个孩子相视一笑，课堂上的矛盾，烟消云散了。

每个人在情绪激烈的时候，都不服管教，更何况是孩子。

所以，在孩子犯错时，如果当时他情绪比较激烈，你就给孩子留一段缓冲的时间，这样一来可以帮助孩子反省自己，二来孩子的负面情绪也比较缓和一些。此时再对孩子批评教育，就容易收到效果。

批评孩子，还要注意弄清楚情况。否则，你对孩子劈头盖脸地批评一通，

第九章 左手赞美，右手批评——赞美让孩子进步，批评让孩子改正

有可能冤枉了孩子。

记得有一次，小语出去玩，到了晚上九点多还没有回家。我和丈夫等得焦急，到处给小语的朋友打电话，又出去找了几趟，都没有见到人，只好在家里坐卧不安地等待。

丈夫还"扬言"，等小语回家之后，一定狠狠地批评她一顿。

大概到了十点半，小语才有气无力地推着电瓶车进了家。

"你干吗去了，玩疯了吧，不知道现在是什么时间了吗？"

小语没吭声，就走进了自己的小屋。丈夫见孩子没搭理自己，还想跟着去指责。我见女儿疲惫的身影，觉得其中必有隐情，就给丈夫使了个眼色，自己跟着小语进了屋。

女儿看了我一眼，就躺在了床上。

"小语，今天上哪玩了，怎么这么晚才回家啊，我和你爸都快急死了。是不是路上遇到了麻烦？"

小语点了点头说："妈，我从同学家回来，走到半路上车子没电了。我怕你们担心，就打电话给家里，却没有人接，就只好推着车子回来。哎呀，累死我了。"

小语有气无力地说，这时候我才想起，当初着急出去找女儿，我们都忘了带手机。

我让女儿躺着休息，急忙出去给她准备饭菜。丈夫了解情况后，也懊悔自己的急躁。

有时候，似乎孩子是犯了错，但不一定真的有错。你在批评孩子之前，一定把事情的过程弄清楚，做到既讲究时效性，又不冤枉孩子。

总的来说，孩子有了问题，你要先弄清楚事实真相，等待着孩子情绪缓和，再去批评、指正。要抓住时机，让孩子在初犯错时，就能得到有效的纠正。

第十章

不要这样和孩子说话
——和孩子说话中不能犯的禁忌

就你那脑子，永远都不会考优了
——不要随便下消极、否定的预言

和孩子沟通时，一定不要对孩子说出消极和否定的话，这会给孩子带来沉重的打击。你要多引导孩子，让孩子对自己充满信心。

有个朋友，人很好，但是她太要强的个性，让她和父母、弟弟的关系非常不好。因为她太看重表面了，有些过于虚荣，久而久之令她丈夫忍无可忍，要和她离婚。

原来，她从小在农村长大，还有个比她小一岁的弟弟。从小父母就偏爱弟弟，认定弟弟比她有出息。每次她只要犯一点错误，母亲就会说她："就你，将来能出息到哪儿去？"

有一次，她因为生病，功课落下了。那次期末考试，她的成绩落后弟弟好几个名次，有一门功课还没有及格。

母亲知道后，就说她："还说我袒护你弟弟，看你这样的成绩，我都不知道说什么好。"

她不服气地说："我要不是生病，哪里会考这么少。我以前不是有好几门都考优吗？"

母亲说："就你那脑子，永远都不会考优了。"

母亲的话让她心里很委屈、很不服气。她发誓一定要争口气给父母看看，让他们知道她行，要把弟弟比下去。后来她上的大学果然比弟弟还好。

可是，因为弟弟的专业好，她的工作却没有弟弟的好。为了超过弟弟，她婚后不要孩子，继续考研。

当她用大量时间精力去证明给父母看时，丈夫看不下去了，说她再这么争下去，就和她离婚。

第十章 不要这样和孩子说话——和孩子说话中不能犯的禁忌

你一定要记住，不管在什么情况下，你都不应该对孩子讲"没出息"这样的话，因为这等于否定了他做事情的能力，是对他的一种极大的不尊重，可能会给他带来一生的伤害。

◇◇◆◇◇◆◇◇◆◇◇

几年前，有个网名叫"差生"的男孩在网上向我讲起他的母亲。

他母亲对他要求很严，只要他犯一点错误，母亲就会骂他。在学习上，更是严之又严，让他每科成绩不能低于95分。若是他考少了，母亲更是把所有难听的话都讲出来。

有一次他的数学只考了80分，离母亲要求的95分差太远了。母亲得知他考这么少后，气得骂了他好几天。

最伤他心的是母亲骂人的话："我看你一点用都没有，照这么下去，你将来也就这样了，唉，我怎么能养出来你这么个废物呢。"

他说："从那以后，妈妈这些话像是影子一样追着我，让我挥之不去。渐渐地，我再也没有了学习的热情，成绩也急剧下降，不管我怎么努力，就是上不去。"

你一气之下对孩子说的否定的话，足以对他构成一生的伤害，因为它截断了孩子对自己将来的希望和美好的憧憬。一个人一旦失去信心，做什么事情都没有了动力。

◇◇◆◇◇◆◇◇◆◇◇

亲子交流中，最忌讳的就是父母轻易地否定孩子，孩子需要的是尊重、理解，多引导他和你进行深入的沟通，会让他看到你的"深度"，从而产生敬佩之情。

在孩子成长的道路上，需要来自父母的肯定和赞扬。你要以积极的心态来对待他，即使是批评，也要讲得入情入理，让他心服口服，在乐观中成长的孩子，心态是健康、阳光的。

我以后再不会相信她说的任何话了
——不要对孩子说话不算数

父母是孩子的榜样,如果你对孩子不讲信用,那么就很难在孩子心中树立威信,更不可能让孩子养成守信的好品质。

亲戚开了一个小店,很忙。上初中的儿子放暑假后,她担心他和同学偷着去网吧玩儿,就许诺给他说,只要他去店里帮忙,每天给他60块钱。

儿子听后很高兴,说在这里呆上一个月,就是1800块。儿子还向她提出:"每天晚上要先给我结20块钱,用于零花。"她一心想让儿子去店里,就答应了。

因那天生意不好,到了晚上儿子向她要20块钱时,她不给了,还说:"你这是给家里做事,还好意思要钱啊。以前你没干活时,我不是照样养你了吗?"

儿子见她不给,就说:"你说话不算话,我明天就不给你干了。"

她十分生气,觉得儿子太不懂事了。母子俩那晚吵了很长时间,第二天儿子没有再去小店帮忙。从那以后,她支使儿子再做其他事情时,儿子要么不做,要么拖拖拉拉。

你向孩子承诺前,要慎重考虑自己有没有能力和把握做到,对不能做到的,不要轻易答应,对比较有把握做到的,也要留有余地,不要大包大揽。一旦答应了他,就要想办法做到。

几年前,有位家长难过地对我说:"女儿现在几乎不愿意听我说一句话,老说我说话不算话。"

我问她:"是不是你平时失信过啊。"

她想了想,说道:"我是她妈,有些话说过头了,当然不能兑现啊。可她也不能这样呀。她是我女儿,是我辛苦养大的,她不听我的听谁的啊。"

听她这么说,我劝她:"孩子长大了,有了自己的是非观念,你要尊重她。"

她说:"我没有不尊重她呀,可是你看她现在,我一说话,她就捂耳朵,我再说下去,干脆就跑去同学家了。"

后来我和她女儿交谈。她女儿生气地说:"我妈太伤我的心了,从小到大,她在我面前总是说话不算话。"接着向我讲起她最难忘的一件事来。

她上小学三年级时,有一次她过生日,母亲高兴地对她说:"今天放学你就在学校门口等我,我请假去接你,到时和你一起去买生日蛋糕。"

她听后十分高兴。可是,那天她一直等到天黑,学校保安说要关门了,她也没见母亲来接她。回家后,母亲就训她:"又去哪里玩了?说好了一放学就回家,你怎么就是记不住?"

她委屈地说:"我今天过生日,你说去学校接我,我等你到现在,你也没去。"

没想到母亲反而骂她笨,说:"今天我工作太忙,没有请下假来。你也真笨,等不到我就不知道自己回来啊。"

她对我说:"听着妈妈的骂声,想着我在学校的苦苦等候,我突然觉得妈妈真的好讨厌,我以后再不会相信她说的任何话了。"

对孩子讲信用,可以让你在孩子面前树立威信。因此,只要答应了孩子的事情,一定不能因为工作原因而疏忽了他的感受。守信用也是你对他的一种责任。

从小我就害怕打针吃药。每次生病,我宁可忍着身体难受,也不愿意吃药。

有一次,我又生病了。与以前不同的是,这次生病比较厉害,父亲没有依着我让病自然好,而是硬把我带到了医院。

医生看了我的症状，一下子给我开了一个星期的药。父亲帮我向老师请了假，每天陪着我到医院挂水。

连续挂了几天水，吃了几天药之后，我实在忍不住了，哭着向父亲说不愿意再去医院。父亲左哄右哄，可我就是不答应。

后来，父亲想起了我生病之前求他的一件事。于是他说："如果你乖乖到医院挂水，好好吃药，等你病好了，我就带你去游乐园玩。"

当时，我家在农村，游乐园在市里，而且门票也不便宜。生病前，我曾经听班上的同学说游乐园特别好玩，就请求父亲带我去，但他以经济不宽裕拒绝了。

这次听到父亲这么说，我非常高兴。虽然我的左手背被针扎得很疼，我的舌头也因为吃药失去了味觉，但一想到可以去游乐园，我还是乖乖地挂水吃药了。

后来，我病好了，父亲果然抽了一天时间带我去游乐园。我记得在去镇上坐车的路上，我看到一个小伙伴就会炫耀："我要去游乐园了！"他们脸上都充满了羡慕的神情。

因为我生病和去游乐园花去了不少钱，接下来的一个月，父亲总是找机会干点杂活以贴补家用，但他没有说一句我的不是。

现在想想，我以后能那么信任父亲，与父亲讲信用不无关系。

你对孩子一定要讲信用，因为你在他心目中的地位是很重要的，你的话永远是正确的，当他看到你履行了自己的诺言，他长大后也会像你一样守信用。

父母是孩子的一面镜子，你要想让他讲诚信，自己必须以身作则，养成良好的守时守信的习惯，身体力行地对他进行责任感教育，把你良好的一言一行深深印刻在他的脑海里。

孩子小，可能意识不到不遵守诺言带来的后果，因此，父母要通过讲道理的形式让他懂得，不守信用的人，人人讨厌。同时，当他对他人做出某种承诺时，你要督促他努力去实现。

听着母亲的指责声,我的心碎了
——不要一味地指责孩子

孩子做错事时,你不要一味指责他的不是,而要进行指导,指出他的错误所在,给他时间反省,让他认识并改正自己的错误。

有个朋友对我说,他小时候最怕和母亲一起干活,因为若是不小心做错了,母亲就会对他不住地埋怨和指责,让他觉得自己一无是处。

让他最不能容忍的是他上初中时发生的一件事。

那天,母亲生病了,父亲正好加班,家里就只有他照顾母亲。当时母亲想吃点清淡的东西,他就煮了粥,又炒了一个青菜。做好后,自己舍不得吃,先端给母亲吃。

母亲喝了一口粥后,就开始埋怨他:"你这煮的是什么粥啊,米这么硬,我牙都咬不动了。唉,瞧我这命,生病了还得吃这硬米。"

他忙对母亲说:"妈,要不你再等一会儿,我把粥热热。"

母亲却说:"指望吃你做的饭,我还不饿死。你看看你炒的这青菜,咸得要死,你说你都这么大了,还什么都干不好。成绩不好,做点饭也不能吃。"

想起以前的事,他说:"听着母亲的指责声,我的心碎了,我不知道自己怎么会这么笨。"

正是母亲对他的多次指责,让他一度对自己失去信心。直到参加工作后,面对工作,有时他明明觉得自己能胜任,可总是怀疑自己的能力。

当孩子做错事情时,你不要一味地指责他,而是要具体指导他度过困难。否则,会让他对做其他事情也失去信心。

在地铁里,曾经看到一位母亲这样对待犯错的女儿。

女儿在帮母亲拎东西时,不小心把一瓶香油摔碎了。当时,随着一声脆响和伴着一股香味飘出来时,车上许多乘客都忍不住去看那位母亲。

女儿脸涨得通红,一面又忙着打开塑料袋,要去拿那碎了的瓶子。

"瓶子碎了就碎了,不要去拿了,省得扎你的手。"母亲说,"这也不全怨你,你也是好心,帮我拎东西嘛。我也没提醒你这里面有易碎的东西。"

女儿还是耷拉着脑袋,沮丧地说:"唉,我老是毛手毛脚的,这点小事都做不好。"

母亲温和地说:"你也不想摔碎呀,又不是故意的。但以后要注意一点,在拎东西时,要问清楚,这样就会小心一些。"

女儿忙说:"我记住了,妈妈。保证下次不会再犯这样的错误了。"她说着,又要帮母亲拿另一塑料袋的东西,拿之前问道:"这里面有没有容易摔碎的东西?"

不等母亲回答,她就用手捏了捏:"好像没有呢。"

母亲笑道:"没有,你放心拿吧。"

孩子犯错误时,你不要一味地指责,而要平静地指出他的错误,以让他学会自我反省,激发他内在的纠正错误的想法,这样他在今后的生活中,就会少犯或是不犯类似的错误。

小语小时候很喜欢花,常背着大人偷摘阳台上养的盆花。我第一次发现她摘花时,告诉她说:"花是用来看的,不能摘,一摘花就死了。"

小语不听,仍然趁没人时偷着摘。怕我们看到说她,她就把摘来的花放到自己房间藏起来。有好几次,我从她房里拿出枯萎的花问她时,她就说是在外面摘的。

第十章 不要这样和孩子说话——和孩子说话中不能犯的禁忌

眼看着阳台上的花一天天少了，我决定让她自己来认识自己的错误。

我把阳台上的花盆暂时搬到邻居家，家里只剩下一盆不开花的仙人掌。小语看到后，就问："妈，那些花盆去哪儿了？"

我说："我送人了。"

小语想了想，说道："妈妈，我知道你为什么送人，是因为我老偷着摘花。"

我说："是呀，你不爱惜花，花跟着咱们，开不了多长时间，不如把它送给那些爱花的人。"

小语说："妈，我知道摘花不对，我错了，以后再不偷着摘花了。你把那些花要回来吧。"

看到小语意识到自己的错误了，我就带着小语从邻居那里搬回花盆了。从此以后，小语再也没有偷偷采摘过花。

当孩子犯错后，你要宽容地对待他，不能对他的错误横加指责，而是耐心地等待他认识到自己的错误，并引导他进行自我反省。

◇◇◆◇◇◆◇◇◆◇◇

每个孩子都有强烈的自尊心。你不能对他的错误一味地指责，而是要根据实际情况，帮助他认识到自己的错误，找到正确处理事情的方法。只有这样，他才愿意接受你的教育。

孩子做错事时，你要采取冷静的态度，针对他的思想状况，从侧面引导他进行自我反省，帮助他形成正确的是非观念，并对他进行启发教育，逐渐培养他的自我反省能力。

❀ 只要她在家我就讲，就是想提醒她
——不要在孩子耳边不停地唠叨

你不断地唠叨，就是想让孩子重视这个问题，提高自身的素养。但是，过多的唠叨只能让孩子心生反感。

有个亲戚向我讲起她上小学的女儿时，不无忧虑地说道："我一和她说话，她就对我说，自己要学习了，然后把我撵出她的房间。"

更让她难以忍受的是，现在只要她一开口，女儿就会说："妈，我只有两分钟时间听你说话，你快一点。"

从女儿不耐烦的语气中，她知道这是女儿在拒绝她。

她向我诉苦道："你说我辛苦地为她做这做那，她却这么对待我。唉，她以前可不这样啊。"

我劝她："随着孩子年纪的长大，他会有自己的生活和想法。这时父母在和他沟通时，尽量要多听取他的意见。"

她立刻说道："可有些事情明明是她做错了，比如都上中学了，写作业还丢三落四的。每天一放学，不是先写作业，而是急着上网。还有，和同学打起电话来没完没了。"

我问她："你平时就是用这种口气指责她？"

她说："有时比这还严厉，可是她不听啊，我讲多少遍她也听不进去。我只有天天讲，只要她在家我就讲，就是想提醒她。"

我说："心理学上讲，如果孩子接受某种刺激过多、过强、过久，超过了合理的限度，就会引起他心理上的厌倦和反抗，让他的行为朝相反的方向展，故意和父母对着干。"

她一惊，问我："你的意思是——"

我说："你没完没了地指责她，会让她竖起心理防护墙，从心里开始拒绝你。要么想法躲开你，要么和你对抗，长期下去，就会造成亲子

第十章 不要这样和孩子说话——和孩子说话中不能犯的禁忌

关系的疏远或者恶化。"

她难过地说:"那你说我该怎么办?"

我说:"改变说话方式,一句话不要重复地说来说去,改为善意的提醒。另外还要注意说话的语气,这样可以给孩子一个喘息的空间。"

在和孩子说话时,你尽量不要唠叨,因为孩子的忍耐程度是有限的。一旦超过这个限度,他就会承受不了,继而产生抵触情绪和逆反心理,同时你的威信也在你的唠叨声中渐渐失去。

几年前,网上有个新闻,说有个中学生,因为受不了母亲的"唠叨"而离家出走十多天。当警察找到他时,他正在南方一个车间里打工。

他说,之所以选择那个地方打工,就是因为车间规定不让说话。虽然活很劳累,但他很享受耳朵清静的日子。

后经亲戚朋友的一再"劝解",他才答应回家,但他向母亲提出:"每天不能超出十句话,每句话不能重复。"

事后他对人讲:"我妈天天就是:'你怎么不用功呀,你怎么就不好好学习呢。一天到晚就知道上网、看电视,你看你那成绩,我都替你丢人。说你多少遍要好好学习,你就是不听。'"

他说,母亲几乎每天就是这些话,不断地在他耳边重复,让他既感到厌烦,又感到巨大的压力。有时他还没到门口,就好像听到母亲已经在讲这些话。

渐渐地,他由厌烦感觉到害怕,当他一进家门,母亲一张嘴,那些话就好像要从他脑中蹦出来一样,让他苦不堪言。

终于有一天,当他再也无法忍受时,他选择了离家出走。

你在教育孩子的时候,一定要注意自己的说话方式,不能"借题发挥""举一反三",说起来没完没了,最好给孩子发表见解的机会,这样你才可以了解事情的真相。

小语小时候,当她重复地犯错误时,我就会用轻松的口气提醒她。虽然是同一个问题,但由于我不时地变幻着语句、语气、语调,我的话就没有唠叨的嫌疑了。

小语不爱收拾自己房间,每天她呆过的房间就会乱糟糟的。为此我多次提醒她:"你这么爱干净,今天怎么没有收拾啊?是不是忘了?"

有时我用开玩笑的口气说:"嘿,把房间弄得这么乱,一定是故意想向我显示你整理房间的本事。是不是几分钟后,我再进来,这房间就变样了?"

有一次,我来到她房间,看到她坐在堆满玩具的一小块空地上玩,床上的被子也没叠,心里就有点生气。但我只说了一句:"等你不玩了,记得清理自己的房间啊。"

尽管我针对她不收拾房间这一个问题,提醒过她无数次,可能是说话的方式不一样,小语从来没有嫌烦过,每次都会听话地收拾好。

她上小学后,这个毛病才改掉。

前几天,我就这个问题问她:"你小时候,我老是提醒你收拾房间,你是不是很烦?"

小语显得很惊讶地说:"没有啊。关于收拾房间,你可没怎么说过我,是我自己改掉的。"

你要学会使用孩子喜欢的语气、语调和他说话,这样才不会让他感到压抑。同样的话,如果你表达得让他爱听,你讲得再多,他也不会厌烦的。

你唠叨孩子,大多是建立在爱的基础上。因为爱他而对他要求很高,对他的现状不满意,对他的期望值超出了他自身的实际情况;越是对他不满,你越是想说他。

亲子沟通,你要多站在孩子角度考虑问题,多注重自身的修养,不断提高自身的文化素质,注重自己的言行,给他树立可信、可亲、可爱、可敬的形象,这样他才愿意主动与你交流。

你真的很没用，看你这成绩，长大后能做什么啊？
——不要嘲笑、侮辱孩子

父母在孩子心中的分量很重，父母的评价会影响孩子对自己的认识。所以，你一定不能嘲笑或者侮辱孩子，而要尊重他，给他最正确的爱。

好几年前，报纸上登过一则新闻，一个高二的男生，因为聚众打架斗殴而进了少管所。在接受记者采访时，他的一段话引起了人们的思考。

他说："我这么做，就是为了向父母证明，我不是一点用都没有的人。我在外面，比在家里活得有尊严。"

他为什么会这么说呢，我们来听他接下来的讲述。

他成绩不好，从小到大，只要他成绩下降或是犯一点错，父亲就打他，而母亲则骂他："你真的很没用，看你这成绩，长大后能做什么啊？我看只能捡废品。"

他说："在父母眼里，我就是个无用的人。每天在他们的嘲笑声中活着，我在家里就像在遭罪，什么也不敢做，生怕做错了被他们骂一顿。"

有一次，他写作业时，有一道题不会做，就去问母亲。母亲看了那题，张口就骂他："你天天去上学，上的是什么啊，这么简单的题都不会，你怎么这么笨呀。"

听着母亲的骂声，他真后悔问母亲。从那以后，再遇到有不会的题，他宁可不做也不问。

母亲的谩骂，让他变得十分敏感。在学校里，有谁无意中对他说句脏话，他就会同人家大吵或是动手打人。他说："我在家里已经够痛苦了，不能再受别人的气了。"

正因为不想受外面人的"气"，他结交了很多"朋友"来为他维护尊严。当班上一个男生骂他"笨蛋"时，他多年来积聚的怒火爆发了，最后造成了打伤同学的悲剧。

孩子再怎么错，你都不要用恶毒的话来侮辱他的人格。即使他还没有人格意识，他也会为这样的话而感到屈辱，会觉得自己的心灵被刺伤，严重时这伤痕会跟随他一辈子。

朋友对我说："父母是孩子最亲的人，但父母要是不克制自己，就会成为孩子最恨的人。"接着向我讲起他的故事来。

他小时候家境不好，父母希望他帮着做些事。但因为母亲脾气不好，动不动就骂他，他就不愿意在家里待。

当时，母亲在离家不远的地方开了一个小卖部，因为小卖部的生意不错，只要他有时间，就会被母亲叫到小店里帮忙。

他说："当时因为年纪小，有很多活又是第一次干，总是干不好。母亲不但不教我，反而常骂我，有时当着客人的面就骂我很难听的话。"

那时他已经十来岁了，比较爱面子。母亲当众骂他时，他心里特别恨她，后来就找很多借口不去小店。每天放学后，干脆先和同学在外面玩够了再回家。

当母亲看到满身脏兮兮的儿子出现在面前时，就会责骂他："我看你成天就知道到处乱跑，这么脏，简直变成叫花子了。"

母亲的责骂让他很反感，他说："那时太小，心里就是不明白一件事，为什么别的孩子可以玩，自己玩就要被妈妈骂？不是骂我叫花子吗？我就当个真的叫花子。"

从那以后，他故意把衣服弄得很脏，有时还把脸抹得脏兮兮的，气得母亲打过他好几次。直到上中学后，他才改掉了弄脏衣服的坏毛病。

孩子也有自尊，也希望被人尊重，你万万不可在一气之下伤害他脆弱的自尊心。这很容易激起他的叛逆心理,从而助长他的坏习惯的养成和蔓延。

对于孩子来说,别人侮辱他、取笑他,他可能不会当一回事,只要自己最依赖、最喜欢的父母相信自己,他就不会失去信心。因此,父母绝不可以用难听的话责骂他。

在孩子眼里,父母每一句评价都影响着他对自己的看法。若你真爱他,就要把那些带侮辱性的字眼从你的话语里清除干净。放下架子,真正地走进他的内心世界,与他一起成长。

我说他英语必须考第一，他就会考第一
——不要对孩子要求过高

父母期望孩子能有好的发展，这是非常美好的愿望。但是，一定要记住，不能对孩子期望过高，否则孩子会承受不住由此带来的巨大压力。

朋友小时候家境不好，没钱上大学。有了女儿后，就为她设立了非常高的标准，除了让她把学习成绩搞好外，还给她报了英语、奥数、小提琴、芭蕾、游泳、绘画等特长班。

她女儿几乎天天都在学、练，没有一点休息时间。女儿也很争气，不管是在课堂的学习上，还是在所报的特长班，都有优异的表现。

可是最近她发现，女儿的性格有点古怪，经常有神经质的表现，非常在乎别人对自己的评价。同学无意中说的一些话，就会惹来她愤怒的反驳，有时错了也不让别人指出来。

更让朋友感到难过的是，她听女儿的老师说，女儿在学校也不像其他同龄孩子那样尽兴地说笑和玩闹，似乎很压抑。有时女儿看到别的同学比自己考得好，就不理那个同学了。

朋友后悔地说："我带女儿看过心理医生，医生说她这种行为，和我们为她设立的过高的期望有很大关系，她这么做，就是想用自己最好的行动来讨我们高兴。"

现在朋友夫妇正在想办法和女儿沟通，让她少报一些特长班，以减轻她的心理压力。

你要把握对孩子的期望标准，不能让期望标准背离孩子身心发展的内在规律。如果目标可望而不可即，就会严重影响他的性格发展和身心健康。

几年前,有位母亲带着儿子找我咨询。她背着儿子对我说:"我儿子平时很听话,可去年突然离家出走了。我们发动亲戚朋友,找了四五天,才在一个网吧里找到他。"

我问她:"你说他听话,是不是你说什么他听什么,从不发表自己的意见?"

她点头说:"是呀,我说他要是考不了班里前三名,就别念书了,他就从来没有考过第四名。我说他英语必须考第一,他就会考第一。"

听了她的话,我忍不住说道:"你一直这样要求他吗?"

她点点头:"他很听话的,可不知道为什么突然离家出走。找到他后,谁问他他也不说话。前几天,我看他又有出走的苗头,就不敢上班了,接送他上下学。"

我对她说:"你对他的要求太高了,而且这种要求近于恐吓,不但是孩子,就是大人,也会在这种压力中做出出格的行为的。"

事后我和她儿子交流时,他长叹一口气,对我说:"蒙老师,我早晚有一天,会被我妈逼疯的。"

接着他向我讲起了母亲对他那高不可及的"期望":"让我一定得考市重点,要我争全班第一,争全校第一,我要是说句话来反驳,她就在我面前说出一大堆威胁的话。"

正是在母亲不停的要求下,他感到了力不从心,最后用离家出走来逃避这种生活。

我把孩子的话转述给母亲。当母亲听着儿子这几年的心路历程时,母亲哭了,她怎么也没想到,自己对孩子过高的要求,居然让他如此痛苦。

由于每个孩子都有不同的潜质,他的兴趣、潜能与父母的理想模式很难达成一致。因此,他的发展与你的目标会有很大的差距,你如果期望过高,会让他背上沉重的心理包袱。

有个朋友对我说，他小时候，父亲给予了他很高的期望。为了满足他，父母总是想尽一切办法给他创造良好的学习环境。

那时家境不太好，母亲身体不好，但总是把有营养的食物留给他吃，还对他说："吃好了就有精力学习了。好好学习，争取每次都考好成绩。"

他说："每次听到母亲这么说，我就没有了食欲。"

更让他备受煎熬的是公布分数的时候，他有时紧张得全身发抖。要是成绩没达到父母的预期，他就自责不已，恨自己没用、无能。

回家后看到父母满怀期望的目光，他的心里像针扎一样痛，不知道自己如何做才能达到父母的要求。有时一打开书本，心就发颤："我怎么学才能考出好成绩啊？"

你盲目地为孩子设置的期望与要求过高时，孩子会因不能达到这样的要求而自惭形秽，对自己的能力感到怀疑，从而动摇自己的信心。

严格要求在教育孩子成人成才的过程中是必要的，父母望子成龙、望女成凤的心情是可以理解的。但凡事都有个度，期望若是超出他承受的能力，就会适得其反，严重影响他的身心健康。

期望是爱，你对孩子无限的爱会在不知不觉中转化为对他美好的期望。而爱又是责任，你一定要把握住这爱的"重量"，不能让爱成为孩子的负担，因为他稚嫩的肩膀和心灵是承受不住的。